全国高职高专国际经贸专业"十三五"实用型规划教材

现代物流管理实务
第2版

孙海梅　白晓光　卞远洋　　**编著**

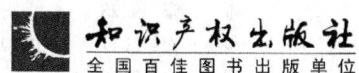

全国百佳图书出版单位

图书在版编目（CIP）数据

现代物流管理实务 / 孙海梅，白晓光，卞远洋编著. —北京：知识产权出版社，2017.1
全国高职高专国际经贸专业"十三五"实用型规划教材
ISBN 978-7-5130-4629-9

Ⅰ.①现… Ⅱ.①孙… ②白… ③卞… Ⅲ.①物流管理—高等职业教育—教材 Ⅳ.①F252

中国版本图书馆 CIP 数据核字（2016）第 299558 号

内容提要

本书主要针对高职高专院校物流管理专业学生，基于工作过程、问题式，从物流八大功能入手，设置了八大基本学习任务。每个学习任务基于任务布置，进行问题设置和问题解答，最后安排能力训练。

任务一（认知现代物流管理）主要介绍了什么是现代物流、它是如何发展起来的、未来的发展趋势、主要种类等；任务二（包装管理）主要讲述了什么物流包装，如何合理进行物流包装；任务三（装卸搬运管理）主要讲述了装卸搬运的基本概念、特点以及合理进行装卸搬运；任务四（运输管理）主要讲述了运输的基本方式及其特点以及如何合理管理运输；任务五（仓储管理）主要讲述了仓储的基本概念、特点、类型以及合理管理仓储；任务六（流通加工管理）主要讲述了流通加工的概念、特点、类型以及合理进行流通加工；任务七（配送管理）主要讲述了配送的概念、特点、类型以及合理进行配送管理；任务八（物流信息管理）讲述了主要的物流信息技术及其合理应用。

本书除可供高职高专院校物流管理专业作为通用教材外，也可作为高等院校相关专业、企事业单位工作人员岗位培训教材和自学参考书，还可供全国物流专业从业人员资格考试和职业资格考试参考之用。

责任编辑：石陇辉　　　　　　　　　　责任校对：王　岩
封面设计：刘　伟　　　　　　　　　　责任出版：刘译文

全国高职高专国际经贸专业"十三五"实用型规划教材

现代物流管理实务　第2版

孙海梅　白晓光　卞远洋　编著

出版发行：知识产权出版社 有限责任公司		网　址：http://www.ipph.cn		
社　址：北京市海淀区西外太平庄55号		邮　编：100081		
责编电话：010-82000860 转 8175		责编邮箱：shilonghui@cnipr.com		
发行电话：010-82000860 转 8101/8102		发行传真：010-82000893/82005070/82000270		
印　刷：北京九州迅驰传媒文化有限公司		经　销：各大网上书店、新华书店及相关专业书店		
开　本：787mm×1092mm　1/16		印　张：9.25		
版　次：2017年1月第1版		印　次：2017年1月第1次印刷		
字　数：216千字		定　价：30.00元		
ISBN 978-7-5130-4629-9				

出版权专有　　侵权必究
如有印装质量问题，本社负责调换。

前　言

物流行业是一个无处不在无时不有的行业、一个"长生不老"的行业，也是一个兼有知识密集和技术密集、资本密集和劳动密集特点的外向型与增值型的服务行业，具有极强的综合性与操纵性，其所涉及的领域十分广阔。随着经济的发展，物流人才需求的缺口越来越大。

本书在第1版的基础上，为满足我国物流行业对高等职业教育人才的迫切需求，征求了使用过第1版的全国多家学校和企业读者的意见，对原书做了较大的修订。

本书主要有以下特色：

1）任务驱动。为适应现代物流职业教育发展的需要，本书在《教育部关于全面提高高等职业教育教学质量的若干意见》文件的指导下，基于工作过程，精心安排一系列工作任务，使必修知识在一个个任务的驱动下依次展开，使学生带着任务去学习相关知识与技能，从而有效地融"教、学、做"于一体。

2）体系新颖。本书基于工作过程，从物流八大功能入手，设置了八大基本学习任务（认知现代物流管理、包装管理、装卸搬运管理、运输管理、仓储管理、流通加工管理、配送管理、物流信息管理），采用问题模式（基于任务布置进行问题设置，然后针对问题进行解答，最后安排能力训练），更符合高职高专学生学习的特点和高职高专教育的要求。从而，一种突破章节框架束缚，基于工作过程、任务驱动、问题质疑下的新的知识体系诞生，实现了质疑中"教、学、做"的有机融合，达到了在课堂上"工学结合"的目的，有助于提高学生的操作能力。

3）简明清晰。本书内容坚持"必需、够用"原则，立足于解决外贸实际问题，注重文字精练、重点突出、层次清楚，同时采用了较多的图表和文本框，力求知识简明扼要、内容直观明了。

4）技能实训。本书通篇是按照实际工作过程在任务驱动下进行，并同步安排一些"小链接""小思考"，还特别在每一任务之后安排相应的工作情景仿真技能性模拟操作题和案例分析题，以解决以往学生"会说不会做"的问题。

5）资源配套。本书配有PPT课件、电子授课教案、课程标准、实训指导、参考答案及相关的视频播放资料，以便于教师教和学生学。

本书除可供高职高专院校物流管理专业作为通用教材外，也可作为高等院校相关专业、企事业单位工作人员岗位培训教材和自学参考书，还可供全国物流专业从业人员资格考试和职业资格考试参考之用。

本书由具有多年教学和实践经验及"双师"资格的天津轻工职业技术学院的孙海梅教授与具有丰富实践经验的天津奥申物流公司的卞远洋经理共同策划构架，撰写前言和内容提要部分，并对全书内容进行完善；具有多年实践经验和"双师"资格的天津轻工职业技术学院的白晓光老师负责编写任务一至任务八。

本书在编写过程中，借鉴、吸收了不少专家、学者的研究成果和观点，在此表示衷心的感谢。

本书编写的目的在于探索基于工作过程、任务驱动以更好地适应高等职业教育改革需要、更贴近企业人才培养需求的"校企合作"的新型教材。由于编写时间仓促、编者水平有限，书中难免存在不足之处，敬请各位读者和专家不吝赐教。

目　　录

任务一　认知现代物流管理 ··· **1**
　任务布置 ··· 1
　问题设置 ··· 1
　问题解答 ··· 1
　能力训练 ··· 12

任务二　包装管理 ·· **14**
　任务布置 ··· 14
　问题设置 ··· 14
　问题解答 ··· 14
　能力训练 ··· 32

任务三　装卸搬运管理 ·· **34**
　任务布置 ··· 34
　问题设置 ··· 34
　问题解答 ··· 34
　能力训练 ··· 46

任务四　运输管理 ·· **48**
　任务布置 ··· 48
　问题设置 ··· 48
　问题解答 ··· 48
　能力训练 ··· 61

任务五　仓储管理 ·· **63**
　任务布置 ··· 63
　问题设置 ··· 63
　问题解答 ··· 63
　能力训练 ··· 84

任务六　流通加工管理 ·· **86**
　任务布置 ··· 86
　问题设置 ··· 86
　问题解答 ··· 86
　能力训练 ··· 94

任务七　配送管理 ·· **96**
　　任务布置 ·· 96
　　问题设置 ·· 96
　　问题解答 ·· 96
　　能力训练 ··· 120
任务八　物流信息管理 ·· **124**
　　任务布置 ··· 124
　　问题设置 ··· 124
　　问题解答 ··· 124
　　能力训练 ··· 139
主要参考文献 ·· **140**

任务一　认知现代物流管理

 任务布置

小王今年如愿考上了某职业技术学院的物流管理专业。他听周围人讲近几年物流发展非常迅猛，未来前景广阔，自己也对身边的"物流热"有所感觉，对物流行业产生了浓厚的兴趣，立志今后要在物流行业发展。可是，到底什么是物流？物流行业里都有些什么工作？现在大多数企业都要求要持证上岗，物流企业要求的职业资格证书都有哪些？自己应考取什么职业物流资格证书？毕业以后自己的职业到底怎样发展？

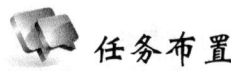 **问题设置**

1. 什么是物流？物流的概念是如何产生的？物流与商流是怎样的关系？
2. 现代物流有什么特点？现代物流业是一个什么样的产业？现代物流有什么作用？现代物流主要有哪些种类？
3. 中国物流经历了怎样的发展历程？
4. 现代物流的运作模式是怎样的？
5. 为什么要对物流进行管理？现代物流管理内容及其管理目标是什么？
6. 现代物流业有哪些职业岗位？目前我国主要的物流从业认证机构有哪些？

 问题解答

1. 什么是物流？物流的概念是如何产生的？物流与商流是怎样的关系？

【导入案例】从超市的货架上随手取下一瓶可口可乐，你能想到这瓶可口可乐从原材料的购置到在流水线上生产，一直到拿到手中为止，中间究竟被多少辆卡车运转到多少个物流配送中心？历经多少道批发商以及多少人的手才被送上货柜？它要经过多少道工序才变成你看到的样子？更重要的是，需要怎样做才能够更经济地将这瓶可口可乐送到零售店里去？

什么是物流？这就是物流！

（1）什么是物流？

从字面讲，"物流"中的"物"是指一切可以进行物理性位置移动的物质资料（或称物品），即有形产品——货物。"物流"中的"流"是指物理性位移活动。因此，"物流"是指货物的实体位移过程。

国家质量监督检验检疫总局颁布实施的中华人民共和国国家质量标准《物流术语》

(GB/T 18354—2006) 中对"物流"的解释是物品从供应地向接受地的实体流动过程。根据实际需要，物流将运输、储存、装卸、搬运、包装、流通加工、配送、信息处理等基本功能实现有机结合。

小链接 1-1

从 1935 年至今，美国物流协会（The Council of Logistics Management，CLM）对"物流"的定义进行了多次更新。

2003 年美国物流协会对物流的定义是：物流是供应链活动的一部分，是为满足顾客需要，对商品、服务及相关信息从起源地到消费地的有效率、有效益的正向和反向流动和储存而进行的计划、执行和控制。

该定义不仅把物流纳入了企业间互动协作关系的管理范畴，而且要求企业在更广阔的背景上来考虑自身的物流运作，即不仅要考虑自己的客户，而且要考虑自己的供应商；不仅要考虑到客户的客户，而且要考虑到供应商的供应商；不仅要致力于降低某项具体物流作业的成本，而且要考虑使供应链运作的总成本最低。总之，该定义反映了随着供应链管理思想的出现，美国物流界对物流的认识更加深入，强调"物流是供应链的一部分"，并从"反向物流"角度进一步拓展了物流的内涵与外延。

小链接 1-2

欧洲物流协会（ELA）1994 年对物流的定义：物流是在一个系统内对人员及（或）商品的运输、安排及与此相关的支持活动的计划、执行与控制，以达到特定的目的。

小链接 1-3

中国台湾物流协会对物流的定义：物流是物的实体（物品）流通活动的行为，在流通过程中通过管理程序有效结合运输、仓储、包装、流通加工、信息等有关物流机能性活动，以创造价值，满足客户及社会要求。

小链接 1-4

实践中对物流常见的错误或者片面的认识主要有：①认为物流就是物资流通；②认为物流就是储运；③认为物流是生产销售活动的附属行为；④认为物流只属于流通领域，是流通活动的一个组成部分；⑤将物流等同于"实物分配"。

小思考 1-1

以下活动都是物流吗？

1）将富士苹果从山东烟台运到天津津南海河教育园。

2）将购进的一批钢材存在工厂仓库内。

3）将纱锭从工厂仓库运到二车间。

4）对商品进行运前包装。

5）将医院的废弃物运送到处理站。

6）将整鸡分切成不同部位，并送到超市。

7）将分拣好的蔬菜按约定的时间送到用户家。

8）搬家。

9）快递。

10）邮包、信件的分拣与投递。

11）将西部的天然气用管道输送到上海。
12）河水、空气等自然、物理运动。
13）不带有经济性质的社会活动。

小思考 1–2
下列观点都正确吗？
1）所有的商品都存在物流。
2）所有状态下的商品都需要物流。
3）物流中的"物"是指能发生物理性位移的物质实体。

小思考 1–3
物流八大基本功能中，你认为哪三个堪称三大支柱性功能？为什么它们被称为物流三大支柱性功能？

（2）物流的概念是如何产生的？

人类社会自有经济活动以来就有了物流活动，并且它将与人类相伴，永远存在下去。可以说它无处不在无时不有。物流活动的产生是因为"商""物"分离的存在。人类在满足各种需求的过程中客观上存在着时间上和空间上的障碍，物流就是为突破这种障碍而产生的。然而作为概念，物流最早起源于20世纪初的美国。

美国最早的物流概念是从分销的角度提出的，英文表述是"Physical Distribution"（简称 PD），直译为汉语就是"实体分配"或"分销物流"，是阿什·肖（Arch Show）于1915年最早提出的。

1935年，美国销售协会第一次对物流进行了正式的定义：物流（Physical Distribution）是包含于销售之中的物质资料和服务，与从生产地到消费地流动过程中伴随的种种活动。

1985年，美国物流管理协会（The Council of Logistics Management，CLM）重新定义了物流，并用 Logistics 取代了 Physical Distribution。人们认为军事后勤"Logistics"的做法（对军火的运输、补给、屯驻等进行战时供应）就是"物流"。对物流所做的新定义是：以适合于顾客的要求为目的，对原材料、在制品、制成品与其关联的信息，从产业地点到消费地点之间的流通与保管，为求有效率且最大的"对费用的相对效果"而进行计划、执行、控制。物流的新定义突破了商品流通的范围，把物流活动扩大到生产领域。物流已不仅仅从产品出厂开始，而是包括从原材料采购、加工生产到产品销售、售后服务，直到废旧物品回收等整个物理性的流通过程。

我国的物流概念源自日本。

日本相关人员1956年到美国考察美国的 PD，考察回国后就用美国的 PD（译作"物的流通"）替代了日本自己的"流通技术"。1964年将 PD 改为"物の流"。1965年又进一步将"物の流"简称为"物流"。

1981年日本日通综合研究对物流的定义：物流是物质资料从供给者向需求者的物理性移动，是创造时间性、场所性价值的经济活动。从物流的范畴来看，包括包装、装卸、保管、库存管理、流通加工、运输、配送等诸种活动。

1979年6月中国物质经济学会派代表参加了在日本举行的第三届国际物流会议，由此引进了"物流"这一概念。1988年中国台湾也开始使用"Physical Distribution"这一物流概念。1989年4月,第八届国际物流会议在北京召开,"物流"一词开始普遍使用。

由于我国很早就有"后勤"一词(英文就是"Logistics"),但与"物流"的意思大相径庭,而且从日本引进的"物流"这一词,之后经过大力宣传已深入人心,不宜再用其他词来代替,所以也就顺势将"Logistics"译成"物流"。2001年我国制定中华人民共和国国家质量标准《物流术语》(GB/T 18354—2001),标志着"物流"这一概念有了中国的官方定义。

小链接 1-5

美国物流管理协会(The Council of Logistics Management, CLM)成立于1963年,2005年年初又更名为美国供应链管理专业协会(The Council of Supply Chain Management Professionals, CSCMP)。协会官方网站为 www.cscmp.org,协会中国代表处网址为 www.cscmpchina.org。美国物流管理协会的这一次更名从某种意义上揭示了21世纪国际物流发展的主流趋势"供应链整合管理"。CLM中国代表处于2003年9月经中国政府批准在北京清华科技园注册成立,2005年也完成了名称变更的手续,旨在促进CLM中国会员相互交流、相互联系。至今,先后有120多名来自中国的物流学者、企业家和专业人士参与了协会的活动与交流。

小思考 1-4

物流赖以存在的先决条件是什么?

小思考 1-5

"一骑红尘妃子笑,无人知是荔枝来。"这是唐朝诗人杜牧《过华清宫》里的诗句。诗里描述了为杨贵妃万里飞马送荔枝的情景。在唐朝,估计也只有像贵妃级的人物才能在长安吃到岭南荔枝。而现在,在荔枝成熟的季节,大小城市的超市里都有成堆的荔枝在卖,现代社会的每个人都能享受到唐朝贵妃的待遇。

请问:作为物流人,你有何感想?

(3) 物流与商流是怎样的关系?

商流具有所有权转移效用,是物资价值的流动。物流无所有权转移效用,具有时间效用和空间效用,是物资使用价值的流动。

物流与商流都是流通的重要组成部分,物流与商流的结合即构成流通,两者相辅相成,互相补充。在绝大多数情况下,两者是统一的,但在有些情况下两者存在分离现象,如产权交易和专利转让中有商流而无物流,企业内部的物资调拨中有物流而无商流。

2. 现代物流有什么特点?现代物流业是一个什么样的产业?现代物流有什么作用?现代物流主要有哪些种类?

(1) 现代物流有什么特点?

进入21世纪,全球经济一体化进程加快,企业面临着更为激烈的竞争环境,资源在全球范围内的流动和配置大大加强,世界各国更加重视物流发展对于本国经济发展、民生素质和军事实力增强的影响,更加重视物流的现代化,从而使现代物流呈现出一系列新的发展趋势。根据国内外物流发展的新情况,未来物流的发展趋势可以归纳为信息化、网络化、自动化、电子化、共享化、协同化、集成化、智能化、移动化、标准化、柔性化、社会化和全球化。

1）信息化。现代社会已步入了信息时代，物流信息化是社会信息化的必然要求和重要组成部分。物流信息化表现在：物流信息的商品化，物流信息收集的代码化和商业智能化，物流信息处理的电子化和计算机化，物流信息传递的标准化和实时化，物流信息存储的数字化和物流业务数据的共享化等。它是现代物流发展的基础，没有信息化，任何先进的技术装备都无法顺畅地使用。信息技术的应用将会彻底改变世界物流的面貌，更多新的信息技术在未来物流作业中将得到普遍采用。

信息化促进了物流功能的改变，使得那些在工业社会里的产品生产中心、商业贸易中心发挥的主导功能发生了转变。传统的物流业以物为对象，聚散的是物。而信息社会是以信息为对象，物流不再仅仅是传输产品，同时也在传输信息。例如，物流中心的聚散功能除针对实物之外，还要完成对各种信息的采集和传输，各种信息被聚集在那里，经过加工、处理、使用，再传播出去供社会使用。总之，信息社会使物流的功能更强大，并形成一个社会经济的综合服务中心。

2）网络化。网络化是指物流系统的组织网络和信息网络体系。从组织上来讲，它是供应链成员间的物理联系和业务体系。国际电信联盟（ITU）将射频识别技术（RFID）、传感器技术、纳米技术、智能嵌入技术等列为物联网的关键技术，这种过程需要有高效的物流网络支持。而供应链上企业之间的业务运作需要通过互联网实现信息的传递和共享，并运用电子方式完成操作。例如，配送中心向供应商发放订单就可以利用网上的电子订货系统通过互联网来实现，对下游分销商的送货通知也可通过网上的分销系统，甚至是移动手持设备来实现。

3）自动化。物流自动化的基础是信息化，核心是机电一体化，其外在表现是无人化，效果是省力化。此外，它还能扩大物流能力、提高劳动生产率、减少物流作业的差错等。物流自动化的技术很多，如射频自动识别、自动化立体仓库、自动存取、自动分拣、自动导向和自动定位、货物自动跟踪等技术。这些技术在经济发达国家已普遍用于物流作业中。在我国，虽然某些技术已被采用，但达到普遍应用还需要相当长的时间。

4）电子化。电子化是指物流作业中的电子商务，它也以信息化和网络化为基础。它具体表现为：业务流程的步骤实现电子化和无纸化；商务的货币实现数字化和电子化；交易商品实现符号化和数字化；业务处理实现全程自动化和透明化；交易场所和市场空间实现虚拟化；消费行为实现个性化；企业或供应链之间实现无边界化；市场结构实现网络化和全球化，等等。作为电子商务发展关键性因素之一的物流，是商流、信息流和资金流的基础与载体。电子化使得跨国物流更加频繁，对物流的需求更加强烈。

5）共享化。供应链管理强调链上成员的协作和社会整体资源的高效利用，以最优化的资源最大化地满足整体市场的需求。企业只有在建立共赢伙伴关系的基础上，才能实现业务过程间的高度协作和资源的高效利用，通过资源、信息、技术、知识、业务流程等的共享，才能实现社会资源优化配置和物流业务的优势互补、快速对市场需求作出响应。近年来，一些新型的供应链管理策略，如 VMI、JIT Ⅱ、CPFR、第四方物流、RSP 与 DI 等都实现了信息、技术、知识、客户和市场等资源的共享化。

6）协同化。市场需求的瞬息万变、竞争环境的日益激烈都要求企业具有与上下游进行实时业务沟通的协同能力。企业不仅要及时掌握客户的需求，更快地响应、跟踪和满足需求，还要使供应商对自己的需求具有可预见能力，并能把握好供应商的供应能力，使其为自己提供更好的供给。为了实现物流协同化，合作伙伴需要共享业务信息、集成业务流程，共同进行预测、计划、执行和绩效评估等业务。而只有企业间真正实现了全方位的协同，才能使物流作业的响应速度更快、预见性更好、抵御风险能力更强、降低成本和增加效益。

7）集成化。物流业务是由多个成员与环节组成的，全球化和协同化的物流运作要求物流业中成员之间的业务衔接更加紧密，因此要对业务信息进行高度集成，实现供应链的整体化和集成化运作，缩短供应链的相对长度，使物流作业更流畅、更高效、更快速，更加接近客户和需求。集成化的基础是业务流程的优化和信息系统的集成，二者都需要有完善的信息系统支持，实现系统、信息、业务、流程和资源等的集成。同时，集成化也是共享化和协同化的基础，没有集成化，就无法实现共享化和协同化。

8）智能化。智能化是自动化、信息化的一种高层次应用。物流涉及大量的运筹和决策，如物流网络的设计优化、运输（搬运）路径和每次运输装载量的选择、多货物的拼装优化、运输工具的排程和调度、库存水平的确定与补货策略的选择、有限资源的调配、配送策略的选择等优化处理，都需要借助智能的优化工具来解决。近年来，专家系统、人工智能、仿真学、运筹学、商务智能、数据挖掘和机器人等相关技术已经有比较成熟的研究成果，并在实际物流业中得到了较好的应用，使智能化已经成为物流发展的一个新趋势。智能化还是实现物联网优化运作的一个不可缺少的前提条件。

9）移动化。移动化是指物流业务的信息与业务的处理移动化。它是现代移动信息技术发展的必然选择。由于物流作业更多地体现在载体与载物的移动，除了暂时静态的存储环节外全都处于移动状态，因此移动化对物流业具有更加重要和深远的意义。应用现代移动信息技术（通信、计算机、互联网、GPS、GIS、RFID、传感、智能等技术）能够在物流作业中实现移动数据采集、移动信息传输、移动办公、移动跟踪、移动查询、移动业务处理、移动沟通、移动导航控制、移动检测、移动支付、移动服务等，并将这些业务与物体形成闭环的网络系统，在真正意义上实现物联网。它不仅使物流作业降低成本、加速响应、提高效率、增加盈利，而且使其更加环保、节能和安全。

10）标准化。标准化是现代物流技术的一个显著特征和发展趋势，也是实现现代物流的根本保证。货物的运输配送、存储保管、装卸搬运、分类包装、流通加工等作业与信息技术的应用，都要求有科学的标准，如物流设施、设备及商品包装、信息传输等的标准化等。只有实现了物流系统各个环节的标准化，才能真正实现物流技术的信息化、自动化、网络化、智能化等。特别是在经济贸易全球化的 21 世纪中，如果没有标准化，就无法实现高效的全球化物流运作，这将阻碍经济全球化的发展进程。

11）柔性化。柔性化是 20 世纪 90 年代由生产领域提出来的。为了更好地满足消费者的个性化需求，实现多品种、小批量以及灵活易变的生产方式，国际制造业推出柔性制造系统（Flexible Manufacturing System，FMS），实行柔性化生产。随后，柔性化又扩展到了流通领域，根据供应链末端市场的需求组织生产和安排物流活动。物流作业的柔性化是生产领域柔性化的进一步延长，它可以帮助物流企业更好地适应消费需求"多品种、小批量、多批次、短周期"的趋势,灵活地组织和实施完成物流作业,为客户提供定制化的物流服务来满足他们的个性化需求。

12) 社会化。物流社会化也是今后物流发展的方向,其最明显的趋势就是物流业呈现第三方和第四方物流服务方式。它一方面是为了满足企业物流活动社会化要求所形成的,另一方面又为企业的物流活动提供了社会保障。而第三方、第四方乃至未来发展可能出现的更多服务方式是物流业发展的必然产物,是物流过程产业化和专业化的一种形式。这将使物流业告别"小而全、大而全"的纵向一体化运作模式,转变为新型的横向一体化的物流运作模式。

13) 全球化。为了实现资源和商品的国际高效流动与交换、促进区域经济的发展和全球资源优化配置的要求,物流运作必须要向全球化的方向发展。在全球化趋势下,物流目标是为国际贸易和跨国经营提供服务,选择最佳的方式与路径,以最低的费用和最小的风险,保质、保量、准时地将货物从某国的供方运到另一国的需方,使各国物流系统相互"接轨"。它代表物流发展的更高阶段。

小思考1-6
互联网时代物流有什么特点?

(2) 现代物流业是一个什么样的产业?

物流行业被业界称为"第三利润源"、被媒体称为"21世纪最大的行业"、被老百姓称为"金饭碗"。现代物流业呈现出的产业特征主要有以下两点。

第一,物流行业是一个复合型产业。物流行业是指物流资源的产业化而形成的一种复合型或聚合型产业,物流资源有运输、仓储、装卸、搬运、包装、流通加工、配送、信息平台等,其中运输又包括铁路、公路、水运、航空、管道等。这些资源产业化就形成了运输业、仓储业、装卸业、包装业、加工配送业、物流信息业等。这些资源分散在多个领域,包括制造业、农业、流通业等。把产业化的物流资源加以整合,就形成了一种新的物流服务业。这是一种复合型产业,也可以叫聚合型产业,因为所有产业的物流资源不是简单的叠加,而是通过优化整合,可以起到"$1+1>2$"的功效。

第二,物流行业是生产性服务业。生产性服务业是指为第一、第二、第三产业的实物生产和服务生产提供服务的产业。

小链接1-6:关于物流业,专家如是说

美国经济学家彼得·杜克拉:物流业是每个国家经济增长的"黑大陆",是"降低成本的最后边界",是降低资源消耗、提高劳动生产率之后的"第三利润源",是"一块未被开垦的'处女地'"。

美国经济学家鲍尔·康柏斯:物流是"市场营销的另一半"。

德国经济学家:未来世界上只有三种人——生产者、物流者与消费者。

中国经济学家樊刚:今后世界只有三个系统,即生产系统、物流系统、技术系统。其他系统都是从这三个系统分离出来的。

(3) 现代物流有什么作用?

物流被称为继原材料成本的降低和劳动消耗的降低之后的"第三利润源"。物流是经济社会这个大系统中一个重要的子系统,它与经济社会发展的关系极为密切。物流成

为一个独立的经济过程，是经济社会发展的必然结果；反过来，物流自身的不断发展也取决于经济社会发展的程度。在社会主义市场经济条件下，经济社会发展离不开物流，市场经济越发达，物流的作用，无论从微观经济的运行上还是从宏观经济的运行上，都显得更为重要。

1）物流在微观经济运行中的作用。

企业是国民经济的细胞。在社会主义市场经济下，企业是市场的主体，企业生产采取资金循环的形式，即由购买（供应）、生产和消费三个阶段构成。在这种经济运行中，物流的作用主要表现在以下几个方面：

- 物流是企业生产连续进行的前提条件；
- 物流是保证商流顺畅进行、实现商品价值和使用价值的物质基础；
- 物流信息是企业经营决策的重要依据。

2）物流在宏观经济运行中的作用。

社会再生产是千千万万个企业再生产的总体运动过程。这个总体运动就是宏观经济的运行。如果把整个经济社会看做是一个大系统的话，那么物流仅是这个大系统中的一个子系统。这个系统对整个宏观经济的运行发挥着重要作用。

- 物流是社会经济大系统的动脉系统，是连接社会生产各个部门成为一个有机整体的纽带；
- 物流的发展对商品生产的规模、产业结构的变化以及经济发展速度具有制约作用；
- 物流的改进是提高经济效益的重要源泉。

(4) 现代物流主要有哪些种类？

现代物流可以从多角度加以认识（见图1-1）。

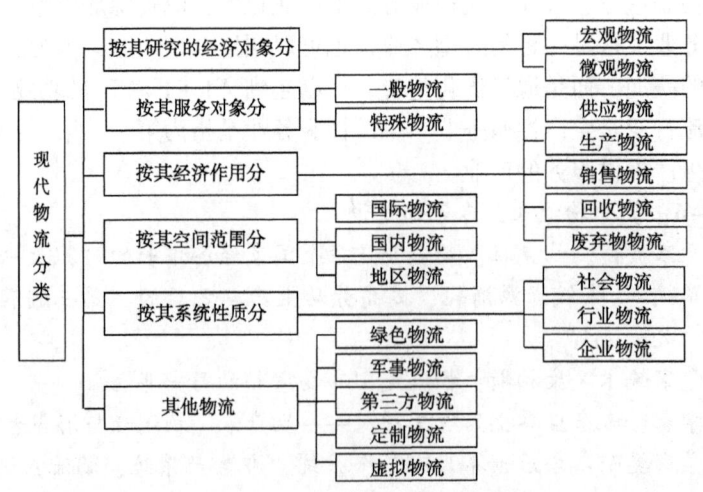

图1-1 现代物流的主要种类

3. 中国物流经历了怎样的发展历程？

中国物流起步较晚，其发展主要是近20年的事（见表1-1）。

表 1-1 中国物流发展历程

时间	阶段特征	物流特点
1949~1977年	高度集中的计划经济管理体制	企业生产按计划组织，物资供应按计划调拨，产品销售按计划分配，交通运输按计划执行。没有物流的概念
1978~1992年	向市场经济转轨	企业自主决定其原材料的采购和产品的生产与销售；商贸企业根据流通体制改革和供应方式的调整变化，开展了商品物流配送中心的试点工作；交通运输企业把业务范围向运输前后的两头延伸。现代物流的概念及管理方式开始引入我国
1993~1998年	市场经济时代	第一种是商业、物资储运企业的物流配送中心；第二种是交通运输企业和货运代理（含联运、集装箱）企业为用户提供部分物流服务；第三种是工业生产企业自身成立的后勤保障服务；第四种是少数专业从事物流服务的企业，向社会提供公用型物流服务
1999年至今	经济全球化时代	国际化、第三方化

4. 现代物流的运作模式是怎样的？

现代物流的运作主要有以下模式。

1）自营物流模式，也称为第一方物流模式，是货主企业利用已有的物流资源，通过采用先进的物流管理系统和物流技术，不断优化物流运作过程，为生产经营过程提供高效优质服务的基本方式。其好处就是生产商的利润在企业内部流动，而且不会依赖其他物流商，从整体上保证了公司的效益。但其投资大、配送效率低下、管理难以控制、规模有限、专业化程度低、成本较高。从具体运营角度来看，自营物流模式又可以分为传统自营物流、SCM物流、TPL自营物流。时下许多企业还在沿用传统自营物流，但随着先进物流模式的出现，将有越来越多的企业重新选择更适合企业发展的物流模式。

自营物流模式适用于：
- 产成品品种多，标准化程度低；
- 兼作销售、收款、配送；
- 企业运输量适中。

2）第二方物流。其将生产企业的销售物流转嫁给了用户，变成了用户自己组织供应物流的形式，货物在成交的时刻，销售商即无对货物运输的义务。

3）物流业务外包模式，即第三方物流模式，是货主企业为集中精力增强自身的核心竞争能力，将经营活动所需的物流服务外包给专业的第三方物流企业完成的基本方式。由于第三方物流企业在国内起步较晚，目前中国企业选择业务外包方式的还不是很多，但第三方物流凭借自身优势将成为企业选择的主要趋势。

4）第四方物流模式。从定义上讲，第四方物流供应商是一个供应链的集成商，它对公司内部和具有互补性的服务供应商所拥有的不同资源、能力和技术进行整合和管理，提供一整套供应链解决方案，集成了管理咨询和第三方物流服务商的能力。第四方物流开始承接多个供应链职能和流程的运作责任，其工作范围包括制造、采购、库存管理、供应链信息技术、需求预测、网络管理、客户服务管理和行政管理。

5）协作物流模式，也称为物流联盟模式或物流一体化运作模式，是在货主企业自身已有的物流资源难以满足生产经营活动需要时，与供应商、社会物流企业以及消费者联合起来，为有效解决物流需要开展的物流协作方式，并通过资源互补、合理运作，实现企业物流经营过程的顺利进行。由于此模式可以减少企业的固定物流资本投入，许多中小企业选用这种模式，但随着第三方物流的兴起，中小企业将越来越多地选择物流业务外包模式。

协作物流模式又可以分为三种运作形式：

- 垂直一体化物流。关键是从原材料到供货商和用户的合作关系，形成一种联合力量，通过对从原料、半成品和成品的生产、供应、销售直到最终消费者的整个过程中的物流与资金流、信息流的协调，以引来满足顾客的需要。
- 水平一体化物流。水平一体化物流是通过同一行业中各企业之间物流的合作以获得整体上的规模经济，从而提高了物流效率。不同的企业可以用同样的装运方式进行不同类型商品的共同运输。
- 网络一体化物流。网络一体化物流是垂直一体化物流与水平一体化物流的综合体。

小链接 1-7

企业在进行物流决策时，应该根据自己的需要和资源条件，综合考虑以下主要因素，慎重选择物流模式：

1) 物流对企业成功的影响度。
2) 企业对物流的管理能力。
3) 企业产品自身的物流特点。
4) 企业的规模和实力。
5) 物流系统总成本。
6) 外包物流的客户服务能力。
7) 自拥资产和非自拥资产外包物流的选择。

小思考 1-7

第三方物流运作模式与自营物流模式相比有什么优劣势？

5. 为什么要对物流进行管理？现代物流管理内容及其管理目标是什么？

物流管理（Logistics Management）就是为了以合适的物流成本达到用户满意的服务水平，对正向及反向的物流过程及相关信息进行的计划、组织、协调与控制（GB/T 18354—2006），被称为物流"软技术"。

从物流活动的过程来看，物流管理就是对物流活动诸要素进行管理：对运输、包装、储存、装卸搬运、流通加工、配送信息处理等功能要素进行管理；对人、财、物、设备、方法、信息等物流资源要素进行管理；对物流活动中计划、质量、技术、经济等的具体职能要素进行管理。

从产品的企业运作流程来看，物流管理就是对采购、生产、服务运作诸要素进行管理。

从企业物流活动的特点来看，物流管理就是对物流活动实施战略管理、物流系统设计与运营管理、物流作业管理。

对物流进行管理就是为了实现物流合理化，即使物流运作高效、安全、经济。具体讲，体现为7R/7S。

1）7R 目标：Right Quality（适合的质量）、Right Quantity（适合的数量）、Right Time（适合的时间）、Right Place（适合的地点）、Right Cost（适合的成本）、Right Customer（适合的顾客）、Right Product（适合的产品）。

2）7S 目标：Service（优质服务）、Speed（迅速快捷）、Space Saving（节约空间）、Scale Optimization（规模适当）、Stock control（合理库存）、Safe（安全可靠）、Sum Cost Minimum（总成本最低）。

小思考 1-8

"掌握了客户需求，跟着客户的节奏律动，即努力实现7R物流，这就是好物流"。在今天的互联网时代，评价物流的内容变了吗？什么是好物流？

小思考 1-9

图1-2中，企业的物流安排哪个更合理？

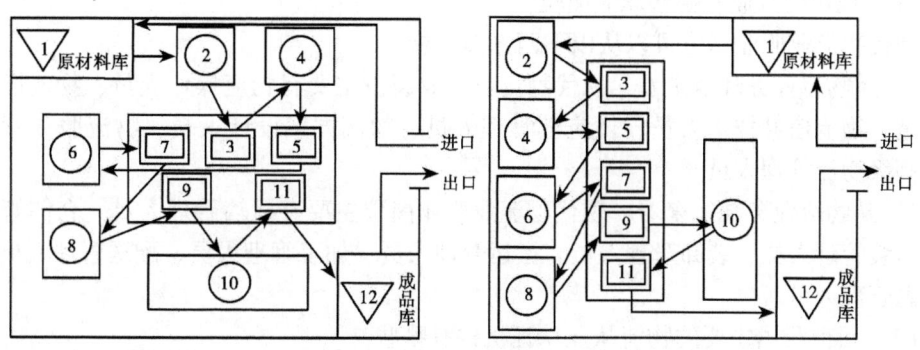

图1-2 企业的物流安排

小思考 1-10

在一家街头的零售店里，某饮料企业的一位理货员来给店里送货，以下是他和零售店老板之间的对话。

企业理货员："张老板，我来给您送货。"

零售店店主："你们公司送货怎么这么慢呢？我订的货应该在昨天就送到了，可现在你才来，你看，我的客户都跑掉了！"

企业理货员："对不起，我们公司那边有点问题。"

（零售店店主清点货物）

零售店店主："怎么你们送来的货与我的订单内容不一样啊？"

企业理货员："是吗？"

零售店店主："这个产品不对，我要的是150ml的饮料，你送的500ml的；这个产品也不对，我要30瓶，你们只拿了20瓶！真是乱七八糟的！像你这样送货，客户全都得跑光了。产品不对！时间不对！我要退货，真是受不了你，我不会再和你们打交道了！"

这个案例说明了什么？

小思考 1-11

长虹公司是我国家用彩色电视机的生产商，过去长虹公司采取的方法是：将工厂装配好的产品，直接送到各地从事经营的商店暂时保管，然后再根据客户的订货配送到客户所在地。不管配送件数多少，各分店都必须配备送货人员和卡车。运输费用占物流费用的70%以上。面临这种成本压力，物流费用的上升必然严重影响企业的竞争力，因此长虹将设置在全国各地的由分公司处理的保管和配送等业务，从各分公司中分离出来，设置配送中心，在那里制订有计划、集中处理的物流战略计划。配送中心建立在分公司集中的大城市内，一个中心可承担约20个分公司的商品配送业务。建立配送中心，分公司的车辆和送货人员就可以压缩，这样，就能用较少的车辆运送大量货物。更进一步，还可实行从工厂到消费者的一贯制产品运输，这可以取得大批量运输等相当好的成效。

请问：长虹公司采用了哪些物流合理化措施？

6. 现代物流业有哪些职业岗位？目前我国主要的物流从业认证机构有哪些？

（1）现代物流业有哪些职业岗位？

现代物流业职业岗位可以从以下两方面分析：

1）从物流业务环节来看，现代物流业职业岗位主要有物流操作人员、物流操作管理人员、物流信息技术人员、供应链管理人员、物流方案设计人员、物流服务营销人员、高级物流管理人员。

2）从物流业务功能来看，现代物流业职业岗位主要有运输管理人员、仓储管理人员、包装管理人员、装卸管理人员、搬运管理人员、加工管理人员、配送管理人员、物流信息管理人员。

（2）目前我国主要的物流从业认证机构有哪些？

目前在我国，物流从业主流认证主要有英国皇家特许物流与运输学会物流与运输职业认证（ILT）、英国皇家采购与供应学会采购与供应职业认证（CIPS）、美国运输与物流委员会运输与物流认证（CTL）、中国物流与采购联合会物流从业人员职业能力等级认证、中国商业技师协会物流职业资格认证、中国人力资源和社会保障部物流职业资格认证、中国交通运输协会和全国自考办合作开展的物流职业资格认证。含金量比较高的是英国的和美国的物流职业资格认证，目前比较适合我国高职物流专业在校学生的是人力资源和社会保障部及中国物流与采购联合会的物流职业资格认证。

 能力训练

1. 案例分析

1）某企业的工作现状如下。

在一家街头的零售店里，某饮料企业的一位理货员来给店里送货，以下是他和零售店老板之间的对话。

企业理货员："张老板，我来给您送货。"

零售店店主："你们公司送货怎么这么慢呢？我订的货应该在昨天就送到了！可现

在你才来，你看，我的客户都跑掉了！"

企业理货员："对不起，我们公司那边有点问题。"

（零售店店主清点货物）

零售店店主："怎么你们送来的货与我的订单内容不一样啊？"

企业理货员："是吗？"

零售店店主："这个产品不对，我要的是150ml的饮料，你送的500ml的。这个产品也不对，我要30瓶，你们只拿了20瓶！真是乱七八糟的！像你们这样送货，客户全都得跑光了。产品不对！时间不对！我要退货，真是受不了你们，我不会再和你们打交道了！"

思考：你认为这位理货员是在从事物流活动吗？零售店店主为什么会有这么多的抱怨？你认为应该如何让零售店店主满意？

2）某食品公司的营销人员策划了一次大规模的促销活动，规定客户如果一次购买新上市的果汁饮料25箱，将会得到企业给予的价格折扣。但是该公司物流工作中的运输环节是采用托盘作业的。一次作业只能装卸24箱，25箱需要进行两次托盘作业，这次促销活动给企业带来的直接影响首先是物流费用大幅增加。活动结束后，经过整体效益测算，这次促销活动非但没有取得计划收益，反而造成了亏损。

这次不成功促销活动的原因是什么？你认为什么是管理？管理应该有哪些职能？

2. 模拟操作

1）完成开篇布置的任务。

2）某学校的教师食堂，教师排成一队取饭就餐，基本顺序是教师把饭票和钢制的餐盘递给窗口里面的1号服务员，1号服务员接过餐盘后盛上米饭，然后把餐盘递给2号服务员盛第一个菜，接下来3号服务员盛第2个菜，按照接力的形式直到第5个菜。教师从另一个窗口把饭取出。因为速度太慢，队伍排得很长。学校领导看到后，要求承包食堂的老板再开一个窗口。老板说，那需要增加一倍的人手，就会出现亏损。学校领导说，再开一个窗口，人员不但不增加，甚至可以减少一半，工作效率会大大提高，但需按照合理物流的原则重新进行流程设计。

思考：你能帮助食堂老板解决这个问题吗？

3）老王到医院看病，在一楼挂号室挂了内科，到三楼内科门诊处就诊，医生问了一些情况后，让老王到四楼化验室作有关血的化验。老王来到四楼化验室，化验员开具了交费通知，让老王到一楼交费处交费，然后才能回来化验。做完化验，老王又重新返回三楼内科门诊处，医生开了药方。老王持药方到一楼划价处划价，然后到一楼交费处交费，持交费单和药方再到一楼药房取药。

思考：这样的流程是否合适？如何进行流程单元最少、时间最节省？试提出解决问题的方案。

任务二　包装管理

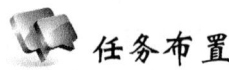 **任务布置**

某客户有 80t 散装白砂糖需要在 7 天内从南宁运送到上海、有 60t 塑料袋装白砂糖（每袋 400g）需要在 7 天内从南宁运送到天津。公司市场部陶经理要小王负责落实这两批任务的物流包装工作。

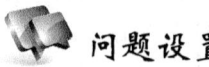 **问题设置**

1. 包装是何含义？物流包装是何含义？
2. 为什么要对物品进行物流包装？
3. 如何进行物品的物流包装？怎样包装才合理？

 问题解答

1. 包装是何含义？物流包装是何含义？

（1）包装是何含义？

GB/T 18354—2006 对包装（Packing/Package）的定义是：包装是指为在流通过程中保护产品、方便储运、促进销售，按一定技术方法而采用的容器、材料和辅助物等的总体名称；也指为了达到上述目的而采用容器、材料和辅助物的过程中施加一定技术方法等的操作活动。

小链接 2-1：国外对包装的定义

美国：包装，是使用适当的材料、容器，并施于技术，使其能将产品安全送达目的地，即在产品输送过程中的每个阶段，不论遭到怎样的外来影响，皆能保护其内装物，而不影响产品价值。

英国：包装是为货物的运输和销售所做的艺术、科学和技术上的准备工作。

日本：包装指在物品的运输、保管交易或使用当中，为了保护其价值和原状，用适当的材料、容器等加以保护的技术和状态。

加拿大：包装是将产品由供应者送到顾客或者消费者手中，而能保持产品完好状态的工具。

（2）物流包装是何含义？

物流包装是相对于销售包装而言的，是为了方便物流运作而进行的包装，是较大单元的包装形式，又称为外包装、大包装或集合包装。而销售包装是为促进销售而进行的包装，与被包装物品成为一体一起到达用户手中，是以一个商品为一个销售单元的包装形式，或若干个单体产品组成一个小的整体的包装，也称内包装、小包装或个包装。有时销售包装就是物流包装。

2. 为什么要对物品进行物流包装？

物流包装是生产的终点，也是物流的始点。作为生产的终点，即最后一道工序，包装标志着生产的完成；作为物流的始点，包装完成后便具有物流的能力。如果包装是从生产的终点要求出发，就难以满足物流的要求，包装与物流的关系比与生产的关系更密切，作为物流的始点的意义比作为生产终点的意义更重要。包装贯穿于整个物流过程始终，没有完善的包装，就没有现代化的物流。对物品进行物流包装是基于以下几点考虑。

1）保护商品的需要。产品从生产出来到使用之前这段时间内，保护措施是很重要的，包装如不能保护好里面的物品，则会给企业带来巨大的损失。在商品运输途中，由于运输工具和运输道路的原因，商品难免会受到一定的冲击、振动、颠簸和摩擦，在商品的储存过程中，因为商品经常是层叠堆垛码放，商品会受到放在它上面的其他商品的压力，且商品还可能会受到外部环境因素，如受潮、发霉、生锈及鼠、虫和有害生物的侵袭。这些因素都会对商品造成一定的损害，从而要求商品应有一个好的包装。包装主要保护商品在流通过程中价值和使用价值不受外界因素的损害，包括两方面的含义：一方面包装能够防止被包装物在流通过程中受到质量和数量上的损失，如防止在物流过程中的破损变形、变质、渗漏、浪费、偷窃、损耗、散落、掺杂等；另一方面能够防止危害性内包装物对与其接触的人、生物和环境造成危害和污染。保护商品是包装最基本和最重要的功能。

2）方便物流的需要。产品在流通的过程中，从工厂到商店要经历无数次的运输、搬运、仓储等物流环节，好的包装具有方便物品的储存、装卸和运输等功能。物品经过适当的包装后便于各种装卸、搬运机械的使用，有利于提高装卸、搬运机械的生产效率。标准化的包装能极大地提高装载效率。物品包装的各种标志方式也为验收提供了方便，有利于节约验收时间，加快验收速度。另外，包装的规格、形状、重量等与货物运输的关系也十分密切，包装尺寸与运输车辆、船、飞机等运输工具的仓容积的吻合性高，可方便运输，提高了运输效率。

3）指示警示的需要。物流过程是一个多环节的过程，涉及多种操作，而物品和物流场景又是千差万别的，因此刷制的物流包装标志就可以给所有相关操作人员以指示警示，引起操作人员的注意，使他们按图示标志的要求进行操作，以保证物流运作顺畅。例如，刷制的危险货物包装标志用来识别危险货物，暗示应采用的防护措施，以保证物流安全；收发货标志用来识别货物，实现货物的收发管理；储运图示标志是根据产品的某些特性，如怕湿、怕振、怕热、怕冻、怕压等而确定的。物流包装的指示警示功能是其有别于销售包装的重要特征。

一般而言，物流包装的三大基本功能是彼此联系、相辅相成的，它们通过包装容器被融为一体，并通过包装容器而共同发挥作用。

小链接 2-2

日本神奈川大学的唐泽丰教授将包装的功能分为以下 7 种：①保护功能——保持质

量；②定量功能（按单位定量）——形成基本单件或与此目的相适应的单件；③标识功能——容易识别；④商品功能——创造商品形象；⑤便利功能——处理方便；⑥效率功能——便于作业、提高效率；⑦促销功能——具有广告效力，唤起购买欲望。

小思考 2–1

如何理解销售包装的功能？

3. 如何进行物品的物流包装？怎样包装才合理？

（1）如何进行物品的物流包装？

对物品进行包装，需要考虑用什么样的包装材料或包装容器、采用什么样的包装技术以及刷制什么样的标志？

1）包装材料。包装材料是指用于制造包装容器、包装运输、包装装潢、包装印刷的材料，以及包装辅助材料和与包装有关材料的总称。包装材料是形成包装的物质基础，包装材料与包装功能存在着不可分割的联系。根据对产品包装的不同要求，包装材料应能有效地保护产品，因此应具有一定的强度、刚性、韧性和弹性，以适应压力、冲击、振动等因素的影响，并且应对水分、水蒸气、气体、光线、芳香气、异味、热量等具有一定的阻挡能力。包装材料本身的毒性要小，以免污染产品和影响人体健康。包装材料应无腐蚀性，并且具有防虫、防蛀、防鼠、抑制微生物等性能，以保护产品安全。从传统的材料发展到今天的新型材料，包装材料都是为了更好地发挥包装的功能。包装材料的选用将直接关系到包装的质量和包装费用，影响到运输、储存、装卸搬运等环节的进行。包装材料种类繁多，按其成分分，归纳起来主要有七大类，即纸质包装材料、木质包装材料、塑料质包装材料、金属质包装材料、玻璃质包装材料、陶瓷制品和复合包装材料（见表 2–1）。

表 2–1　主要包装材料优缺点对比

包装材料	优点	缺点
纸质材料 （牛皮纸、玻璃纸、植物羊皮纸、沥青纸、白板纸、铜版纸、胶版纸、护角纸板、瓦楞纸/箱板纸、卡纸、再生纸、黄版纸、有光纸、过滤纸、油封纸、浸蜡纸、铝箔纸等）	重量轻、易透气、易折叠成型、耐摩擦、可回收复用和再生、价格较低等	防潮性和密封性差
木质材料 （木板、胶合板、纤维板等）	取材方便、加工容易、透气性好、抗振动、抗压性较强等	密封性差、易虫蛀、受木材资源限制
塑料质材料 （聚乙烯、聚丙烯、聚苯乙烯、聚氯乙烯和钙塑材料等）	重量轻、密封性好、耐折叠、耐摩擦、耐冲击、抗振动、抗压、防潮、防水、能阻隔气体、耐酸碱、耐油脂、耐化学药剂、耐腐蚀、耐光照、加工成型工艺简单等	易老化、受热后某些有害成分可能渗入内装物、容易产生静电、塑料包装废弃物处理不当会造成环境污染等
金属质材料 （钢材①、铝材②及其合金材料）	牢固结实、耐碰撞、不破碎、密封性好、易加工成型、易于回收再利用等	易生锈、易变形、成本高

续表

包装材料	优点	缺点
玻璃质材料	耐腐蚀性强、密封性好、价格低、易于回收复用和再生等	耐冲击强度低、易碎、透气性差、自重大、运输成本高等
陶瓷质材料	耐腐蚀性强、遮光性优异、密封性好、价格低等	耐冲击强度低、易碎、透气性差、自重大、运输成本高等
复合材料（塑料薄膜复合材料、纸基复合材料、塑料基复合材料、金属基复合材料、合成树脂包装材料、纤维包装材料等）	有很强的保护性和方便性	成本高

注：①钢材包括薄钢板、镀锌低碳薄钢板、镀锡低碳薄钢板（俗称马口铁）。
②铝材包括纯铝板、合金铝板和铝箔。

小链接 2-3： 包装材料发展趋势

包装材料是整个包装行业中最为活跃的研究方向。包装质量的好坏，绝大部分取决于包装材料的性能。包装新材料与包装新技术都是每一个包装企业或科研院所首选的方向。不利于环保的包装材料，亟待取代。新型的包装培育材料正需开发，有的已初见成效。主要有下面几大类：

1) 以 EPS 快餐盒为代表的塑料包装将被新型的纸质类包装所取代。EPS 类包装制品急需研制替代的还有 EPS 工业包装衬垫。

2) 塑料袋类包装材料正朝水溶性无污染方向发展。

3) 木包装正在寻求替代包装材料。由于美国等西方国家以中国出口产品中的木包装发现"天牛"为借口，限制中国产品出口，凡是用木包装的产品必须进行复杂的特殊处理或用其他材料的包装。即使是用重型瓦楞纸箱包装也难以胜任，因此目前中国已在进行攻关，推荐用蜂窝瓦楞纸代替，但必须解决托盘的装卸和承重及装卸强度问题。

4) 其他新型的辅助包装材料也急待研究，如黏合剂、表现处理剂、油墨等。

2) 包装容器。包装容器是包装材料和包装造型结合的产物。包装容器是为运输、销售使用的盛装产品或包装件的器具总称。包装容器分运输包装容器和销售包装容器两大类，它们与商品价值、用途、性能、形状、运输储存条件和销售对象都有密切的联系。常用的包装容器主要有袋、盒、箱、瓶、罐（筒）等（见表 2-2）。

表 2-2 主要包装容器特点

包装容器	特点
袋（集装袋、运输包装袋、普通包装袋等）	有较高的柔韧性、抗拉强度和耐磨性。适于装运颗粒状、液状、粉状、块状和异型的货物等。主要用于物流包装
盒（圆盒状、尖角状等）	有一定的挠性，不易变形，有较高的抗压强度，刚性高于袋装材料、整体强度不大。不适合做物流包装，适合做商业包装、内包装，适合包装块状及各种异形物品

续表

包装容器	特点
箱 （瓦楞纸箱、木箱、塑料箱、集装箱等）	有较高的刚性、抗变形能力强。主要用于物流包装
瓶 （圆瓶、方瓶、高瓶、矮瓶、异形瓶等）	有较高的抗变形能力。主要用于物流包装。适用于液状、粉状物包装
罐（筒） （小型包装罐、中型包装罐、集装罐）	抗变形能力强。主要用于物流包装，也可用于销售包装。适合包装液状、粉状及颗粒状货物

3) 包装技术。多年来，在物流包装工作上存在许多严重问题。比如，因包装容器、捆扎材料质量和包扎技术差，在运输过程中会产生破损、散包、断裂、锈蚀、渗漏等问题；有些包装因衬垫质量差，装卸不适当，箱装货物缺乏科学排列，而造成"泡、松、空"的现象。概括起来，即"破、散、断、锈、漏、泡、松、空"。为了防止商品包装出现以上问题、减少商品破损现象，除加强对包装材料、容器、捆扎材料的生产管理和验收外，还必须根据不同情况和要求，采取相应的包装技术。由于产品种类繁多、性能各异，对包装的要求不同，这就要求在包装设计、材料选择、型号和规格确定等方面，采取正确的包装方法和相应的包装技术，以最低的物质消耗，保证产品安全输送到用户手中。目前我国采用的主要包装技术如表2－3所示。

表2－3 我国目前采用的主要包装技术

划分角度	包装技术类别
按功能划分	销售包装技术，主要包括热封技术、塑料封技术、外壳包装技术、收缩包装技术、真空减压及充填包装技术、灭菌包装技术、防霉包装技术、印刷技术等
	运输包装技术，主要分外装技术和内装技术两类：外装技术包括容器设计技术和印记技术等；内装技术包括防振包装技术、防潮及防水包装技术、防锈包装技术、防虫及防鼠包装技术等。运输包装技术的重点是容器设计技术、包装尺寸和强度设计、印记技术
按产品在运输、销售过程中的经济性划分	单个包装技术，指对单个商品所进行的包装，主要有机械性保护包装、防护剂保护包装、防水包装、防水气包装、存放吸湿剂的防水和防水气包装、可剥除的化合物保护包装等
	内包装技术，产品经过单个包装后，放入内包装容器，并加以衬垫，即完成内包装。内包装的目的主要是防振动、防摩擦，保护产品。内包装应粘贴适当标志
	外包装技术，主要目的是方便运输，包括挡塞与支撑、衬热、防水设施、包装容器、捆扎与标志。外包装要求具有一定的强度，具有抗挤、抗压等性能，并且外形尺寸设计要便于运输。产品外包装后，根据具体情况，可采用如钢皮带、塑料编织带等对包装物进行捆扎，以方便装卸，防止散失

续表

划分角度	包装技术类别
按是否有特殊要求划分	一般包装技术，主要有：对内装物合理置放、固定、加固；包裹、捆扎；对松泡物压缩商品体积；合理选择包装容器形状尺码
	特殊包装技术，主要有：防振动包装技术（全面防振动包装、部分防振动包装、悬浮式防振动包装、联合式防振动包装）、防破损包装技术（捆扎及裹紧技术、集装技术、缓冲包装技术）、防霉腐包装技术（冷冻包装、真空包装、充气包装、密闭包装、高温灭菌包装、防霉剂注入包装）、防锈包装技术（防锈油防锈包装技术、气相防锈包装技术）、防虫鼠包装技术（充气包装、真空包装、收缩包装、拉伸包装、脱氧包装）、危险品包装技术

小链接 2-4：包装技术发展趋势

①适合于环境保护的绿色包装设计；②适合于突出商品个性化的包装设计；③适合于电子商务销售的现代商品的包装设计；④安全防伪的包装设计。

小链接 2-5：部分缓冲包装的类型

①面支撑包装；②棱支撑包装；③角支撑包装；④混合支撑包装。

4）包装标志。对物品进行物流包装还包括刷制标志。刷制标志是为了指示和（或）警示相关人员。包装标志是为了便于货物交接，防止错发错运，便于识别，便于运输、仓储和海关等有关部门进行查验等工作，也便于收货人提取货物，而在货物的外包装上印刷、粘贴或书写的记号。包装标志有指示性标志、危险品标志、表示收发货地点和单位的标志以及包装回收标志。

①指示性标志。用来指示运输、装卸、保管人员在作业时需要注意的事项，以保证物品的安全。这种标志主要表示物品的性质，物品堆放、开启、吊运等的方法和注意事项。《包装储运图示标志》（GB 191—2008）规定，在有特殊要求的货物外包装上粘贴、涂画、钉附以下不同名称的标志：向上、防潮、由此吊起、小心轻放、重心点和由此开启等。在国际物流中要求在包装上正确绘制货物的运输标志和必要的指示标志（见表 2-4）。

表 2-4 包装储运图示标志（GB 191—2008）

序号	标志名称	标志图形	含义	备注/示例
1	易碎物品		表明运输包装件内装易碎品，搬运时应小心轻放	
2	禁用手钩		表明搬运运输包装件时禁用手钩	
3	向上		表明运输包装件的正确位置是竖直向	

续表

序号	标志名称	标志图形	含义	备注/示例
4	怕晒		表明运输包装件不能直接照晒	
5	怕辐射		表明包装物品一旦受辐射便会完全变质或损坏	
6	怕雨		表明包装件怕雨淋	
7	重心		表明一个单元货物的重心	
8	禁止翻滚		表明不能翻滚包装	
9	此面禁用手推车		表明搬运货物时此面禁用手推车	
10	禁用叉车		表明包装件不能用升降叉车搬运	
11	由此夹起		表明装运货物时夹钳放置的位置	
12	此处不能卡夹		表明装卸货物时此处不能用夹钳夹持	
13	堆码重量极限		表明该运输包装件所能承受的最大重量极限	

②危险品标志。用来表示危险品的物理、化学性质以及危险程度的标志。它可以提醒人们在运输、储存、保管和搬运等活动中引起注意。《危险货物包装标志》(GB 190—1990)规定,在水运、陆运、空运危险货物的外包装上拴挂、印刷或标打不同的标志。危险品包括爆炸品、遇水燃烧品、有毒品、剧毒品、腐蚀性物品和放射性物品等(见表2-5)。

表 2-5 危险货物包装标志

标志号	标志名称	标志图形	对应的危险货物类项号
标志 1	爆炸品	(符号黑色,底色橙红色)	1.1 1.2 1.3
标志 2	爆炸品	(符号黑色,底色橙红色)	1.4
标志 3	爆炸品	(符号黑色,底色橙红色)	1.5
标志 4	易燃气体	(符号黑色或白色,底色正红色)	2.1
标志 5	不燃气体	(符号黑色或白色,底色绿色)	2.2
标志 6	有毒气体	(符号黑色,底色白色)	2.3

续表

标志号	标志名称	标志图形	对应的危险货物类项号
标志7	易燃液体	(符号黑色或白色，底色正红色)	3
标志8	易燃固体	(符号黑色，底色白色红条)	4.1
标志9	自燃物品	(符号黑色，底色上白下红)	4.2
标志10	遇湿易燃物品	(符号黑色或白色，底色蓝色)	4.3
标志11	氧化剂	(符号黑色，底色柠檬黄色)	5.1
标志12	有机过氧化物	(符号黑色，底色柠檬黄色)	5.2
标志13	剧毒品	(符号黑色，底色白色)	6.1

任务二 包装管理

续表

标志号	标志名称	标志图形	对应的危险货物类项号
标志14	有毒品	(符号黑色，底色白色)	6.1
标志15	有害品 (远离食品)	(符号黑色，底色白色)	6.1
标志16	感染性物品	(符号黑色，底色白色)	6.2
标志17	一级 放射性物品	(符号黑色，底色白色，附一条红竖条)	7
标志18	二级 放射性物品	(符号黑色，底色上黄下白，附两条红竖条)	7
标志19	三级 放射性物品	(符号黑色，底色上黄下白，附三条红竖条)	7
标志20	腐蚀品	(符号上黑下白，底色上白黑下)	8

23

续表

标志号	标志名称	标志图形	对应的危险货物类项号
标志21	杂类	（符号黑色，底色白色）	9

③表示收发货地点和单位的标志。也称为收货人唛头。对于进口货物，经商务部同意筹编了向国外订货的代号（见表 2-6）。这种标记主要有三方面的作用：一是加强保密性，有利于物流中商品的安全；二是减少了签订合同和运输过程中的翻译工作；三是在运输中起到导向作用，可减少错发、错运事故等。

表 2-6 运输包装收发货标志

序号	项目			含义
	代号	中文	英文	
1	FL	商品分类图示标志	Classification Marks	表明商品类别的特定符号
2	GH	供货号	Contract No.	供应该批货物的供货清单号码（出口商品用合同号码）
3	HH	货号	Art No.	商品顺序编号，以便出入库、收发货登记和核定商品价格
4	PG	品名规格	Specifications	商品名称或代号，标明单一商品的规格、型号、尺寸、花色等
5	SL	数量	Quantity	包装容器内含商品的数量
6	ZL	重量（毛重/净重）	Gross Wt.	包装件重量（kg），包括毛重和净重
7	CQ	生产日期	Date of Production	产品生产的年、月、日
8	CC	生产工厂	Manufacturer	生产该产品的工厂名称
9	TJ	体积	Volume	包装件的外径尺寸长(cm)×宽(cm)×高(cm) = 体积(cm³)
10	XQ	有效期限	Term of Validity	商品有效期至×年×月
11	SH	收货地点和单位	Place of Destination and Consignee	货物到达站、港和某单位（人）收（可用贴签或涂写）
12	FH	发货单位	Consignor	发货单位（人）
13	YH	运输号码	Shipping No.	运输单号码
14	JS	发运件数	Shipping Pieces	发运的件数
说明	1）分类标志一定要有，其他各项合理选用 2）外贸出口商品根据国外客户要求，以中、外文对照，印制相应的标志和附加标志 3）国内销售的商品包装上不填英文项目			

④包装回收标志,如表2-7所示。

表2-7 包装回收标志(适用于各类包装)

标志号	标志名称	标志图形	标志号	标志名称	标志图形
1	可重复使用	⇄	3	含再生材料	⊙
2	可回收再生	♲	4	绿色标志	☯

小链接2-6:对包装标志的要求

1)必须按照国家有关部门的规定设置。我国对物资包装标志和标记所使用的文字、符号、图形以及使用方法,都有统一的规定。

2)必须简明清晰、易于辨认。包装标志和标记的要求:文字少,图案清楚,易于制作,一目了然,方便查对。标志和标记的文字、字母及号码的大小应和包装件的标志和标记本身的尺寸相一致,不能过大也不能过小,笔画粗细要适当。

3)在合适的位置涂刷、拴挂、粘贴。所有的标志和标记,都应位于搬运、装卸作业时容易看见的地方。为防止在物流过程中某些标志和标记被抹掉或不清楚而难以辨认,应尽可能在同一包装物的不同部位制作多个相同的标志和标记。

4)选用明显的颜色制作。制作标志和标记的颜料应具备耐温、耐晒、耐摩擦等特性,尽量不要出现褪色、脱落等现象。

5)尺寸应标准适宜。尺寸一般分为三种。用于拴挂的标志为74 mm×52.5 mm;用于印刷和标打的标志为105 mm×74 mm和148 mm×105 mm两种。但特大的包装不受此尺寸限制。

小链接2-7:包装标志图例(硫化钠的包装标志,见图2-1)

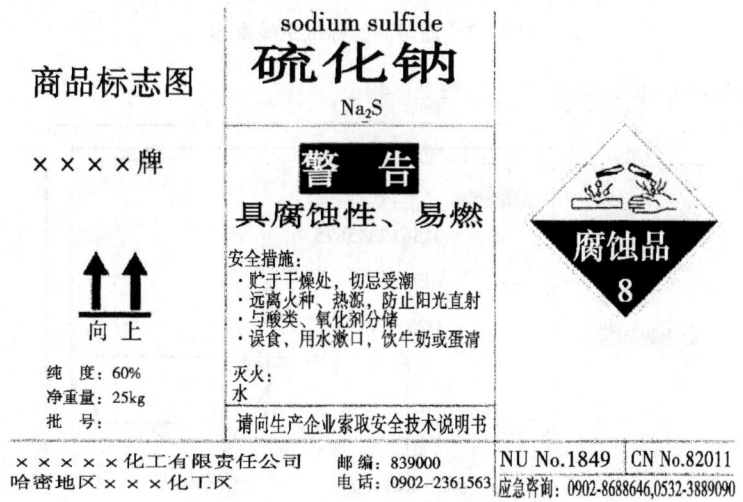

图2-1 硫化钠的包装标志

小链接 2-8：运输标志图例

1）标准运输标志（见图 2-2）。

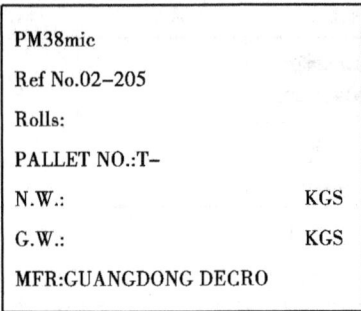

图 2-2　标准运输标志

2）海运时的标准运输标志（见图 2-3）。

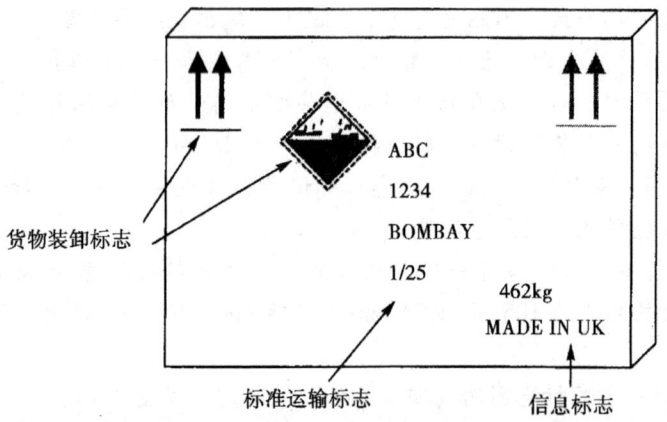

图 2-3　海运时的标准运输标志

3）空运时的标准运输标志（见图 2-4）。

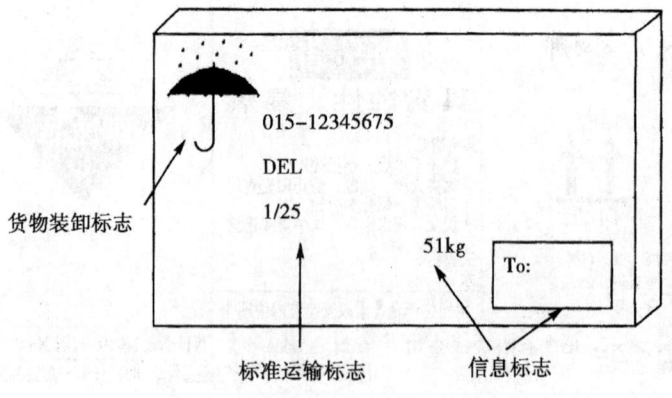

图 2-4　空运时的标准运输标志

小链接2-9：几个包装概念

1）精益包装（Lean Package）。是根据"精益管理"的基本思想，为了避免由于包装不当所造成的成本问题，从整体上对包装进行全面认识。其核心在于通过管理手段最大限度地降低整个包装链的浪费。"精益包装"将包装视为包装用户企业的一种能力要素，"精益包装管理"系统中的供应链就是为包装用户适时、适量的供应适用的包装材料。客户何时需要包装，就何时提供；客户需要多少，就提供多少；使客户在包装上的每一分钱的投入都是有目的、有价值的，既避免了浪费，又提高了效率。

2）柔性集装（Flexi Package）。是指使用集装袋进行的一种包装。它有利于集装化运输，从而可以大大节省人力，提高装卸效率，减少物流损耗。

3）绿色包装（Green Package）。又可称为无公害包装和环境友好包装（Environmental Friendly Package），指对生态环境和人类健康无害，能重复使用和再生，符合可持续发展的包装。它的理念有两个方面的含义：一个是保护环境，另一个就是节约资源。这两者相辅相成，不可分割。其中保护环境是核心，节约资源与保护环境又密切相关，因为节约资源可减少废弃物，其实也就是从源头上对环境的保护。绿色包装遵从Reduce（减量）、Reuse（重复利用）、Recycle（回收再生）、Degradable（可降解腐化）原则（称为绿色包装3R1D原则）。

（2）怎样包装才合理？

1）正确认识合理包装。

①包装的两个极端（见图2-5）。

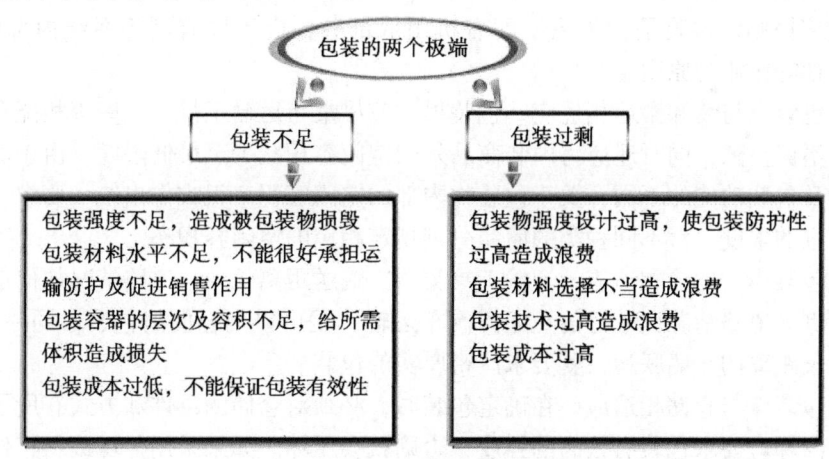

图2-5 包装的两个极端

②包装适度的要求。由于包装不足所造成的商品在流通过程中的损耗不可低估，而包装过剩也会造成严重损失。因此，包装适度有两层含义：一是防止包装不到位、包装落伍；二是防止包装过度，造成浪费。包装不到位就会使得包装的基本功能得不到实现，使得商品受损、生锈、发霉、变质；而包装落伍则会使产品的形象受到一定影响，无法适应消费者不断更新的消费潮流。包装过度的主要危害就是加大了包装的成本，而这种多余的成本又会转嫁到消费者身上，从而损害了消费者的利益。

若从费用角度考虑，包装适度也体现在包装费用与内装商品的适应匹配上。包装费用包括包装本身的费用和包装作业的费用。平均而言，对于普通商品，包装费用应低于商品售价的15%。但不同商品对包装的要求不同，包装费用占商品价格的比例也可以不同。

2）包装合理化的具体内容。

①包装应妥善保护内装的商品，使其质量不受损伤。这就要求制定相应的、适宜的标准，使包装物的强度恰到好处地保护商品质量免受损伤。除了要在运输装卸时经受住冲击、振动外，还要具有防潮、防水、防锈等功能。

②包装材料和包装容器应当安全无害。包装材料要避免使用聚氯联苯之类的有害物质，包装容器的造型要避免对人造成伤害。

③包装的容量要适当，要便于装卸和搬运。

④包装的标志要清楚、明了。

⑤包装内商品外围空闲容积不应过大。

⑥包装费用要与内装商品相适应。

⑦提倡节省资源的包装。

⑧包装要便于废弃物的治理。

3）合理包装的原则。

包装合理化是物流合理化的重要内容，也是物流合理化的基础。包装合理化主要应遵循适应原则和再循环原则。

①适应原则。包装是物流系统的有机组成部分，应当以有利于系统内部的装卸、运输、保管等作业为原则。

- 包装应与装卸搬运相适应。包装尺寸应尽量与运输工具、仓库等相配合，既不溢出，又不留空隙，同时还应将内装商品外围空闲容积减少至最低限度。由于商品的性能、形状及包装功能的不同，关于包装物内部的空闲容积率很难作出统一要求，但可考虑一个适宜的限度，对不同种类的商品分别规定相应的空闲容积率。

- 包装应与运输相适应。运输工具类型、输送距离长短、道路情况如何都对包装有影响，例如道路情况比较好的短距离汽车运输，就可以用轻便的包装。同一种产品，如果进行长距离的车船联运，就要求严密厚实的包装。

- 包装应与仓储相适应。在确定包装时，必须对仓储的条件和方式有所了解。例如，采用高垛就要求包装有很高的强度，否则就会压坏。如果采用低垛或料架保管，包装强度则可相应降低。

②再循环原则。包装应方便物流的回收利用，实现物流资源再循环。在这方面可以有许多措施：

- 采用通用包装外形，如按上述标准模数尺寸制造通用包装箱，无论在什么地方卸货，都可以转用于其他包装。

- 梯级利用，经过这样考虑设计的包装物，在一次使用后进行简单处理可转做他用，如大纸板箱可改制小纸板箱等。

- 多用途、多功能的外形设计，如盛装饮料的包装物，腾空后可转做杯子等。

4)合理包装的有效途径。

根据有关资料统计,有70%的物流故障是由于包装不当引起的。所以,从一定意义上讲,包装合理化是克服物流故障的主要措施。

近代工业包装合理化朝着包装尺寸标准化、包装作业机械化、包装成本低廉化、包装单位大型化和集装化、包装材料的节省化和包装方法最优化等方向不断发展。

①包装尺寸标准化。各种进入流通领域的产品按规定标准进行包装后,有利于货物在物流各环节的衔接和流转。

②包装作业机械化。包装作业的机械化是提高包装作业效率、减轻人工包装作业强度的基础。

③包装成本低廉化。包装成本中占比例最大的是包装材料费,降低包装成本首先应该从降低包装材料费用开始。

④包装大型化和集装化。包装大型化和集装化,十分有利于物流系统在装卸、搬运、保管等过程的机械化,形成规模效应,降低成本。

⑤包装材料节省化。实现包装材料节省化的重要途径是加大包装物的再利用程度,加强废弃包装物的回收,减少过剩包装。同时,开发和推广新型包装方式,减少对包装材料的使用。

⑥包装方法最优化。从物流总体角度,用科学方法确定最优包装,如装卸定包装、保管定包装、输送定包装等。

小链接 2 - 10:关于物流模数

物流标准化的基础是物流模数(Logistics Modulus)。中华人民共和国国家标准《物流术语》(GB/T 18354—2006)给物流模数下的定义是:物流模数的作用和建筑模数尺寸的作用大体相同,考虑的基点是简单化。物流模数尺寸是指为使物流系统标准化而制定的标准规格尺寸。基础模数尺寸一旦确定,设备的制造、设施的建设、物流系统中各个环节的配合协调、物流系统与其他系统的配合就有了依据。

目前 ISO 中央秘书处及欧洲各国已基本认定 600mm × 400mm 为基础模数尺寸。物流模数尺寸以 1200mm × 1000mm 为主,也允许 1200mm × 800mm 及 1100mm × 1100mm 等规格。

从图 2-6 看出,集装单元基础模数尺寸可以用 5 个物流基础模数尺寸组成。基础模数尺寸一经确定,物流系统的设施建设、设备制造,物流系统中各环节的配合协调,物流系统与其他系统的配合,都要以基础模数尺寸为依据,选择其倍数为规定的标准尺寸。

5)合理包装的设计要点。

①深入了解产品因素和物流因素。深入了解产品因素和物流因素是包装合理化的重要前提,否则就无法进一步确定保护等级要求和选择包装材料、容器、技法、标志等。

- 了解产品的性质、尺寸、结构、重量、组合数等,决定采用什么类型的包装或者决定是否需要包装。
- 了解产品的形状、脆性、表面光洁度、耐蚀性、电镀油漆类别等性质,决定采

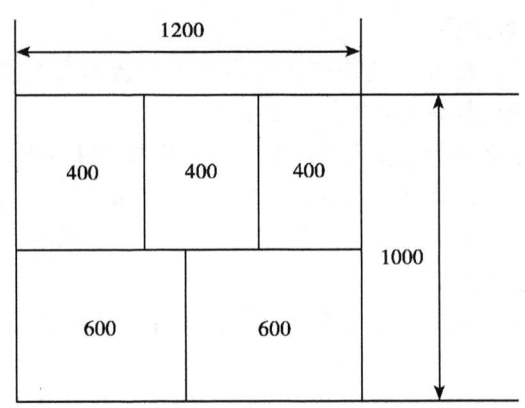

图2-6 物流模数与集装单元基础模数的关系

用什么样的内衬件或缓冲件。

• 了解产品的价值或贵重程度,决定如何选择保护措施。

• 了解内装物与包装材料之间有什么互相作用、是否可能产生什么有害物质,以合理选择包装材料和容器。

• 了解不同内装物放在一起有无造成污染的可能性,决定包装的方法。

• 了解是否有必要提供空间或空隙。

• 了解是否有必要提供防盗措施。

② 了解流通环境和运输目的地。

• 了解产品从生产厂到目的地之间整个路途,是国内运输还是国际运输,是热带地区还是寒带地区,是车站还是港口,是城市还是村庄等。

• 了解运输方式,是汽运、铁路托运、海运、河运、空运,还是人工运输,弄清楚运输工具的类型、振动、冲击等量值,道路路面情况,是否使用集装箱运输,是按体积计算货物运价还是按重量计算。

• 了解搬运、装卸及库存情况,弄清楚装货和卸货的预计次数和特点,流通中转及目的地装卸条件的机械化,搬运操作的文明程度,运输前后及中途存放日期和条件等。

• 了解运输途中或目的地的气候条件,弄清楚温度、相对湿度的可能范围,有无凝结水珠的可能性,是否会暴雨袭击,是否会受海水侵害,所经受大气压的范围,尘土、空气污染等情况。

③ 注意包装各功能间的平衡。包装合理化,就是要做到在合理地保护产品安全的基础上,尽量降低包装成本和减少物流费用。这一问题实质上是搞好包装各种功能之间的综合平衡。因此,为了求得包装各功能间的平衡,就需要设计出在技术经济上最优的运输包装,也就是使产品可靠地从生产厂到达用户手中,在包装费用与物流费用之间保持平衡。包装合理化并不是可靠度最高的包装,而是运输包装各功能之间平衡的一种包装。

6) 合理包装的组织的工作重点。

包装组织因包装对象、作业的性质规模等不同，工作的侧重点也不同：

①以生产为主的包装组织的工作重点应放在保障生产作业过程的连续性、平行性、比例性、节奏性和方便性等方面，使整个生产过程中的物流顺利进行。

②以销售为主的包装组织的工作重点应放在商品包装的单位、形态、装潢设计等方面，以发挥商品包装的最佳效果。

③以运输为主的包装组织的工作重点应放在运输包装的结构、材料、强度、外部尺寸、作业标志以及更好地利用集装化的运输工具的方法等方面，为科学、合理地进行仓储、运输、装卸搬运提供有利条件。

小思考2-2

下列货物该如何包装？请说明理由。

1) 铁路运输的布匹、毛线类、纺织类、棉胎类、行李卷类物品。
2) 水路运输的型钢。
3) 出口到英国的青花瓷茶具。
4) 从天津港出口到新西兰的山地自行车。
5) 从天津港出口到新西兰的地毯。
6) 从天津港出口到新西兰的干红葡萄酒。
7) 从天津港出口到新西兰的小站稻米。

小思考2-3

下列货物该如何包装？

500包方便面、600瓶饮料、20架钢琴、4台大型设备、8t面粉、10t大米、100t煤炭。考虑分别用汽车、火车、轮船运输时的包装方式。

小思考2-4

请做出正确选择。

包装及其材料同被包装的产品之间的（　　）也应为包装设计制造者所重视。

（A）防护　　（B）装卸方式　　（C）结构　　（D）相容性

小思考2-5

运输过程对货物包装件造成损害的主要原因有哪些？

小思考2-6

物流运输环境对包装有什么影响？

小思考2-7

请判断以下表述是否正确。

1) 杂货载运时，如过去用货船混载，必须严格地用木箱包装；而改用集装箱后，用纸箱就可以了。

2) 以包装与搬运的关系而言，如用手工搬运，应按人工可以胜任的重量单位和尺寸大小进行包装。如果运输过程中全部使用叉车，就无须包装成小单位，只要在交易上允许，则可尽量包装成大的单位，可以以吨为单位运输，如（柔性）集装箱容器等。

3) 就包装与保管的关系而言，货物在仓库保管，如果码高，最下面货物的包装应能承受压在上面的货物的总质量。以质量为20kg的货箱为例,如果货物码放8层,最下边的箱子最低承重应为140kg。

4) 物流系统又受包装的制约。如果纸箱运输,则不能不用集装箱;如果设计只能承受码放8层的包装,就是仓库再高也只能码放8层货物,这样就不能有效地利用仓库空间。

小思考2-8

索尼公司电子产品进行了新包装。索尼公司不但遵循"减量化、再使用、再循环"循环经济的"3R"原则,而且还在替代使用(Replace)上想办法,对产品包装进行改进。1998年该公司对大型号的电视机的泡沫塑料材料(EPS)缓冲包装材料进行了改进,采用8块小的EPS材料分割式包装来缓冲防振动,减少了40% EPS的使用;有的产品前面使用EPS材料,后面使用瓦楞纸板材料,并在外包装采用特殊形状的瓦楞纸板箱,以节约资源;另外,对小型号的电视机采用纸浆模塑材料替代原来的EPS材料。请问:索尼公司为什么要对包装材料进行改进?什么样的包装才是合理的?

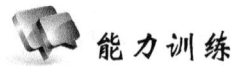 **能力训练**

1. 案例分析

1) FRUIT TREE 公司是一家生产各类果汁及一些水果制品的企业,随着零售点数目和类型的增加,果汁市场迅速地成长起来。FRUIT TREE 公司所注的最主要的问题是果汁生产时的鲜度,因此有些产品是通过冰冻或浓缩制造的。对于 FRUIT TREE 公司的大部分生产来讲,气候在决定公司能否生产出某一产品时起着很重要的作用。

10年前,FRUIT TREE 公司的产品线是瓶装果汁和罐装水果的独立包装,所有的标签都是相同的,并且只有两种标准容器:瓶和罐。如果你需要苹果汁、梨罐头等,FRUIT TREE 公司将会给你提供独立包装的产品。

然而,在过去10年中发生了许多变化,对果汁产品的要求也越来越多元化,这些多元化要求包括:

①世界各地的顾客需要不同的品牌。
②顾客不再完全为英语语种的消费者,因此需要有新的品牌和标签。
③顾客的消费习惯要求容器大小能有可变的空间。
④产品的包装需要从独立的包装变为不同包装。
⑤顾客对个性化品牌包装需求呈现上升趋势。
⑥大量商品不再接受标准的托盘式装卸,而要求被重新托盘化。

在这种趋势下,公司的库存和销售出现了一些问题。单一的包装形式很难适应多元化的市场需要,从而出现了有些产品库存过多而同类的其他产品却缺货的情况,因此公司需要寻求另一种方法来解决问题。

于是,FRUIT TREE 公司认识到,传统的生产、装箱、包装、打包、集合及运输入库的方法并不有效,问题的解决方式是重新设计仓库的责任。这一策略将生产环节设计成为生产产品并将之放于未包装的罐或瓶上,这种产品被称为"裸装产品"。这种"裸装产品"与相关的各种瓶和罐一起被送入仓库;仓库成为一个为托盘化"裸装产品"、瓶和罐的半成品储存地。当顾客向 FRUIT TREE 公司提交每月的购买意向后,直到货物装车前两天,公司才会确认订单,并立即将订单安排到仓库 4 条包装线的其中一条上,完成最后的包装和发运工作。为了保证包装生产线的利用率,当生产线有闲余时,将生产需求最大的产品并将其入库以备后用。

FRUIT TREE 公司通过将包装业务放到仓储过程中完成,有效地解决了库存不均匀和生产预测的复杂问题。该公司仓库改建包装流水线的总投资约 700 万美元,另外增加了 6 个包装操作员来充实包装线及安排已完工的托盘,但是库存的减少和运输成本的减少带来了 26% 的额外税后利润率。更重要的是,顾客服务的改进和对市场需求反应能力的提高,使曾认为无法实现的要求现在已能顺利完成。

请问:改进包装对于为顾客服务和市场需求反应能力的提高意味着什么?

2) TECHPLASTUS 联合公司是《财富》杂志上排名前 500 强的塑料容器生产商,其产品主要是装食物的塑料容器。容器必须有两个组件组成:盒与盖。公司原先的作业方式是将配套好的盖和盒,以一对的形式包装储存。传统的操作过程要求首先分别生产盒与盖,然后在生产线上完成盒与盖的配套包装过程,再将其送到仓库中。随着业务的发展,产品的品种从 80 种增加至 500 种,而这些产品的盒与盖又有许多是可以相互匹配的。这样,传统的操作过程使得产品库存迅速增加,同时缺货的现象又经常发生。仓库操作人员经常需要从现有库存中打开包装,拿出产品,并进行重新装配,以使产品满足已有订单的需求。这样一方面使工作的效率降低,另一方面也常常不能满足客户的需求,产品库存的精确性也受到了影响。

TECHPLASTUS 联合公司的解决方法是在生产线末端重新设计包装过程,将盒与盖进行独立的包装,并独立地进入到仓库中的一个配套装配工作区,而不先进行盒与盖的配套。每天收到客户订单时,再根据需要将所需要的盒与盖放入包装线,两者被压缩包装在一起,并按顾客的要求打上标签,然后成品被放上拖车运走。需求量大的盒与盖,平时可以多装配一些,然后包装入库储存,再进行大量库存的打标签和装运。TECH-PLASTUS 联合公司用于包装线的投资不到 2 万美元。把配套包装作业放到仓储过程中完成,使流动资金的周转效率大大提高,顾客的满意度得到提高,同时库存的精确度也达到一个更能接受的水平。

请问:包装的作用有哪些?

2. 模拟操作

1) 完成开篇布置的任务。

2) 现有一微波炉,重 15kg,微波炉中有玻璃制品,一般来说微波炉重心不在几何中心上。微波炉尺寸 500mm × 360mm × 340mm,有效堆码高度 3m,产品保存及纸箱负荷 6 个月以上。该产品出口到欧洲。请设计其运输包装的整体方案。

3) 通通物流公司 10 月 12 日收到天津隆兴进出口有限责任公司的送货通知单,其中包括 10000 件男式衬衫,毛绒拖鞋 2180 打。这批货 5 天后需要运往大连。请为该批商品选择包装材料和包装方法。

任务三　装卸搬运管理

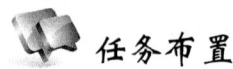 任务布置

现在学生宿舍要进行调整,女生是在同一栋楼内从一个宿舍搬到另一个宿舍,男生是搬到相距1km的另一栋楼。请问:如何组织完成这次宿舍的大调整?

 问题设置

1. 从物流角度看,搬宿舍是一项什么活动?同一个校园内在同一栋楼内和不同楼间搬宿舍有什么区别?
2. 装卸搬运这个活动有什么特征?
3. 如何操作装卸搬运?
4. 怎样操作装卸搬运才合理?

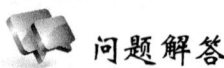 问题解答

1. 从物流角度讲,搬宿舍是一项什么活动?同一个校园内在同一栋楼内和不同楼间搬宿舍有什么区别?

搬宿舍这一活动从物流的角度讲,就是在搬运。同一个校园内在同一栋楼内和不同楼间搬宿舍没有本质区别,只是具体操作上,比如采用什么方式搬、搬前物品该如何包装、用什么工具搬等有一些差别而已。

关于搬运,GB/T 18345—2006 的定义是:搬运(Handing/Carrying)是指在同一场所内,对物品进行水平移动为主的作业。

实际中,搬运和装卸密不可分,是伴随在一起发生的。装卸(Loading and Unloading)是指物品在指定地点以人力或机械实施垂直位移的作业(GB/T 18345—2006)。

装卸是改变物品存放、支撑状态的活动,属纵向活动。搬运是改变物品空间位置状态的活动,属横向或斜向活动。

"搬运"可以简称为"搬"而不能简称为"运","运"是"运输"的简称。"搬运"与"运输"的区别是:

1) 活动范围不同,搬运是在同一地域的小范围内发生的,运输则是在较大地域内发生的。

2) 运用工具不同,搬运一般用叉车、推车、吊车等工具,而运输一般用轮船、火车、汽车等。

装卸搬运是构成物流活动的要素之一，是衔接其他物流主要环节的桥梁，是降低物流成本、提高物流速度与物流效率、决定物流技术经济效果的关键环节。据我国统计，火车货运以 500km 为分界点，运距超过 500km，运输在途时间多于起止的装卸时间；运距低于 500km，装卸时间则超过实际运输时间。生产伴随着物料搬运，物料搬运常常是产品重量数倍，甚至数十倍。按我国对生产物流的统计，机械工厂每生产 1t 成品，需进行 252 吨次的装卸搬运，其成本为加工成本的 15.5%。铁路运输的始发和到达的装卸搬运费占运费的 20% 左右，船运占 40% 左右。美国与日本之间的远洋船运，一个往返需 25 天，其中运输时间 13 天，装卸时间 12 天。因此，为了降低物流费用，装卸搬运是个重要环节。进行装卸搬运操作时往往需要接触货物，因此，这是在物流过程中造成货物破损、散失、损耗、混合等损失的主要环节。

小链接 3-1

据统计，美国工业产品生产过程中，装卸搬运费占产品成本的 20%~30%。德国企业物料搬运费用占营业额的 1/3，日本物料搬运费用占国民生产总值的 10.73%。我国铁路运输的始发和到达的装卸作业费占运费的 20% 左右，船运占 40% 左右。

小思考 3-1

两个城区间的搬家，从物流角度讲，是不是在搬运？两个城市间的搬家呢？

小思考 3-2

某日，某厂两名临时铸造工刘某、陈某用电瓶车装载一车砂箱准备从一车间运往二车间。砂箱装满后，他们觉得两个车间相隔不远，没有必要封车。司机是个责任心不强的人，对此也没提出异议，于是没有封车就上路了。两人就站在车斗里砂箱前的空位上，紧贴驾驶室后壁。当汽车开至二车间门口时，较矮小的电瓶车体突遇厂内凹凸不平的坎沟产生颠簸跳动。突然听到"轰隆"一声，成摞的砂箱因惯性突然向前倒，将刘某、陈某挤砸致重伤。

请问：这则案例所反映的事故是因何产生的？如何看待装卸与搬运的关系？装卸工应该具备什么样的素质？装卸搬运时应该注意什么事项？如何提高装卸搬运的合理性？

2. 装卸搬运这个活动有什么特征？

装卸搬运这一活动特征非常独特，概括讲主要有以下几点。

1) 伴生性与附属性。装卸搬运是物流每一项活动开始及结束时必然发生的活动，没有装卸搬运，物流每一项活动就无法正常进行。它似乎是包容在物流的每一项活动中。例如，一般而言的"汽车运输"，就实际包含了相随的装卸搬运；仓库中泛指的保管活动，也含有装卸搬运活动，因而有时常被人忽视。装卸搬运的目的总是与物流的其他环节密不可分，因此与其他环节相比，它表现出明显的伴生性与附属的特点。

2) 衔接性与独立性。物流的主要环节是靠装卸搬运活动连接起来的，物流活动其他各个阶段的转换也是通过装卸搬运连接起来的。因而，装卸搬运往往成为整个物流的"瓶颈"，是物流各功能之间能否形成有机联系和紧密衔接的关键，而这又是一个系统的关键。建立一个有效的物流系统，关键看这一衔接是否有效。比较先进的系统物流方式——联合运输方式就是为着力解决这种衔接而实现的。装卸搬运会影响其他物流活动的质量和速度。例如，装车不当，会引起运输过程中的损失；卸放不当，会引起货物转换至下一步活动的困难。许多物流活动在有效的装卸搬运支持下，才能实现高水平。

3）保障性与服务性。装卸搬运为生产与流通等环节提供了保障和服务。在生产与流通领域中，没有装卸搬运的保障与服务，就无法使运输高质量、高效率地运行，装卸搬运的质量、效率对运输过程有着重要的制约作用。在运输过程中，货物是多种多样的，会产生许多不同的装卸搬运作业。装卸的停歇时间在运输中占有很大的比重。搞好装卸搬运工作，是缩短装卸搬运时间、加速车辆周转、提高运输效率、降低运输成本的重要途径。另外，装卸搬运作业需要人与机械、货物、其他劳动工具相结合，工作量大，情况变化多，作业环境复杂，导致了装卸搬运作业中存在着不安全的因素和隐患，这就需要严格执行安全操作规程，确保装卸搬运质量，保障运输全过程的安全优质。

4）均衡性与波动性。生产领域的装卸搬运必须与生产活动的节拍一致，表现为与生产过程均衡、稳定、连续的特性相一致。流通领域的装卸搬运虽力求均衡作业，但随着车船的到发和货物出入库的不均衡，作业是突击的、波动的、间歇的，因此其装卸搬运作业应具有适应波动、多变、间断特性的能力。

小思考 3-3
生产领域的装卸搬运和流通领域的装卸搬运特征一样吗？为什么？

3. 如何操作装卸搬运？

某一特定的装卸搬运作业首先要选择适宜的方式和设备，然后按照一定的程序组织实施。

（1）装卸搬运作业类型

常见的装卸搬运作业类型如表 3-1 所示。

表 3-1 装卸搬运的主要作业类型

序号	分类依据	类别	特点
1	按装卸搬运施行的物流设施、设备对象分类	仓库装卸	配合出库、入库、维护、保养等活动进行，并且以堆垛、上架、取货等操作为主
		铁路装卸	对火车车皮的装进及卸出时，一次作业就实现一车皮的装卸，很少有像仓库装卸时出现的整装零卸或零装整卸的情况
		港口装卸	包括码头前沿的装船和后方支持性装卸，有时采用小船在码头与大船之间"过驳"的办法，因而其装卸的流程较为复杂，往往经过几次装卸及搬运作业才能最后实现船与陆地之间、设施之间货物过渡的目的
		汽车装卸	一般一次装卸批量不大，由于汽车的灵活性，可以少或根本减去搬运活动，而直接、单纯利用装卸作业达到车与物流设施之间货物过渡的目的
		飞机装卸	通常装卸批量和装卸物体积都不大，要求装卸时间要短

续表

序号	分类依据	类别	特点
2	按装卸搬运的机械及其作业方式分类	"吊上吊下"方式	采用各种起重机械从货物上部起吊,依靠起吊装置的垂直移动实现装卸,并在吊车运行的范围内实现搬运或依靠搬运车辆实现小搬运
		"叉上叉下"方式	采用叉车从货物底部托起货物,并依靠叉车的运动进行货物位移,搬运完全靠叉车本身,货物可不经中途落地直接放置到目的处
		"滚上滚下"方式	利用叉车或半挂车、汽车承载货物,连同车辆一起开上船,到达目的地后再从船上开下,称"滚上滚下"方式。利用叉车在船上卸货后,叉车必须离船,利用半挂车、平车或汽车,拖拉至船上后,拖车开下船。"滚上滚下"方式需要有专门的船舶,对码头也有不同要求,这种专门的船舶称"滚装船"
		"移上移下"方式	在两车之间(如火车及汽车)进行靠接,利用各种方式使货物垂直运动,而靠水平移动从一个车辆上推移到另一车辆上,称"移上移下"方式。"移上移下"方式需要使两种车辆水平靠接,对站台或车辆货台需做改变,并配合移动工具实现
		"散装散卸"方式	对散装物进行装卸,一般从装到卸中间不再落地,这是集装卸与搬运于一体的装卸方式
3	按货物运动形貌分类	垂直装卸	呈垂直运动状态,上述"吊上吊下"方式即为垂直装卸
		水平装卸	呈水平运动状态,上述"叉上叉下"方式即为水平装卸
4	按装卸搬运对象分类	散装货物装卸	装卸物呈散装状态,如煤、沙子等
		单件货物装卸	货物状态为单件包装状态
		集装货物装卸	已将单件货物集装在一起,可将集装在一起的几件货物同时进行装卸与搬运
5	按装卸搬运作业特点分类	连续装卸	主要是同种大批量散装或小件杂货通过连续输送机械,连续不断地进行作业,中间无停顿,货间无间隔。在装卸量较大、装卸对象固定、货物对象不易形成大包装的情况下适宜采取这一方式
		间歇装卸	有较强的机动性,装卸地点在较大范围内变动,主要适用于货物不固定的各种货物,尤其适用于包装货物、大件货物,散粒货物可采取此方式

续表

序号	分类依据	类别	特点
6	按装卸搬运作业的内容分类	堆放拆垛作业	堆放（或装上、装入）作业是指把物品移动或举升到装运设备或固定设备的指定位置，再按所要求的状态放置的作业；而拆垛（卸下、卸出）作业则是其逆向作业。如用叉车进行叉上叉下作业，将物品托起并放置到指定位置场所，如卡车车厢、集装箱内、货架或地面上等；又如利用各种形式吊车进行吊上吊下作业，将物品从轮船货仓、火车车厢、卡车车厢吊出或吊进
		分拣配货作业	分拣是在堆垛作业前后或配送作业之前把物品按品种、出入先后、货流进行分类，再放到指定地点的作业；而配货则是把物品从指定的位置按品种、下一步作业种类、发货对象进行分类的作业。一般情况下，配货作业多以人工进行，但由于多品种、小批量物流形态日益发展，对配货速度要求越来越高，以高速分拣机为代表的机械化作业应用逐渐增多
		挪动移位作业	挪动移位作业即狭义的装卸搬运作业，包括水平、垂直、斜行搬送，以及几种组合搬送。在水平搬运方式中，广泛应用辊道输送机、链条输送机、悬挂式输送机、皮带输送机以及手推车、无人搬运车等设备。从方式来分，有连续式和间歇式。对于粉体和液体物质也可以用管道进行输送

（2）装卸搬运设备的选择

装卸搬运设备种类很多（见表 3-2 至表 3-5），不同种类的货物、不同的装卸搬运场所，所需要的装卸搬运设备也不尽相同。合理选择装卸搬运设备，无论是在降低装卸搬运费用上，还是在提高装卸搬运效率上，都有着重要的意义。装卸搬运设备的选择，应本着经济合理、提高效率、降低费用的要求。

1）根据不同种类货物的装卸搬运特征和要求选择。因为各种货物的单件规格、物理化学性能、包装情况、装卸搬运的难易程度等各不相同，对装卸搬运设备的要求也不尽相同。因此，从作业安全和效率出发，尽可能选择符合货物特性要求的装卸搬运设备，以保证装卸搬运作业的安全和货物的完好无损。

2）根据物流过程输送和储存作业的特点选择。货物在输送过程中，不同的运输方式具有不同的作业特点，对装卸搬运机械的选择具有特殊要求。因此，在选择装卸搬运设备时，应根据不同运输方式的作业特点选择与之相适应的装卸搬运机械设备。同样，货物在储运中也有其相应的作业特点，因此，为适应储存作业的特点，在选用机械作业时尽可能选择活动范围大、通用性强、机动灵活的装卸搬运机械。

3）根据运输和储存的具体条件和作业的需要选择。在选择装卸搬运设备时，一定要坚持技术经济的可行性分析，根据运输和储存的具体条件和作业需要，在正确估计和评价装卸搬运的使用效益的基础上，合理选择装卸搬运设备。

4）根据装卸搬运作业性质和作业场合选择。作业场合不同，也需要配备不同的装卸搬运机械设备。明确作业是单纯的装卸或单纯的搬运，还是装卸、搬运兼顾，从而可选择更适合的装卸搬运机械设备。

5）根据作业运动形式和作业量选择。装卸搬运作业运动形式不同，需配备不同的设备：水平运动，可选用卡车、连续运输机、牵引车、小推车等机械；垂直运动，可选用提升机、起重机等机械；倾斜运动，可选用连续运输机、提升机等机械；垂直及水平运动，可选用叉车、起重机、升降机等机械；多平面式运动，可采用旋转起重机等机械。装卸搬运作业量大小关系到机械设备应具有的作业能力，从而影响到需配备设备的类型和数量。作业量大时，应配备作业能力较高的大型专用机械设备；作业量小时，最好采用构造简单、造价低廉而又能保持相当生产能力的中小型通用机械设备。

6）根据搬运距离选择。长距离搬运一般选用火车、船舶、载货汽车、牵引车和挂车等运输设备，较短距离搬运可选用叉车、跨运车、连续运输机械等机械设备。水平输送，一般选用胶带输送机；垂直输送，多采用斗式提升机；既要求水平输送又要求垂直输送的散装货物，一般可用斗式提升机或刮板输送机。为了提高机械的利用率，应当结合设备种类和特点，使行车、货运、装卸搬运等工作密切配合。

7）根据装卸搬运设备本身要求选择。选择装卸搬运设备时应符合其自身的基本用途（可靠耐用、效率、操作方便性、安全性、动力消耗程度等），满足现场作业的要求。对于同类货物应尽量选择同一类型的标准机械以便于维护保养。对于整个货场或仓库内的装卸搬运机械也应尽可能避免多样化。在作业量不大而货物品种复杂的场所，应发展一机多用。应根据现场作业性质、运送形式、速度、搬运距离等要求考虑不同类型的相关设备配套使用，使多台装卸设备在生产作业区内能够有效衔接，设备各吨位相互匹配，便于发挥每台设备的最大能力，以克服各种机械自身的弱点。

8）根据作业费用选择。装卸搬运的作业费用包括设备投资额、装卸搬运机械的运营费用和装卸搬运作业成本。在选择装卸搬运设备时，除考虑现场作业、机械本身、货物特点外，还应合理控制作业费用，在保证装卸搬运作业安全、完好、高效的同时，使整个装卸搬运系统的作业费用最低。

表 3-2 装卸搬运设备按用途的分类

机械类型	机械名称	特点
单件作业机械	桥式类型起重机、门式类型起重机、臂式类型起重机、梁式类型起重机、悬挂输送机、辊子输送机、带式输送机、板式提升机、电梯、升降台、升降机、大型叉车、侧叉、各种类型分拣设备、盘式输送机、链式输送机	单件作业使用的各种装卸搬运机
集装作业机械	集装箱龙门起重机、岸臂集装箱起重机、集装箱叉车、集装箱跨车、侧面类型集装箱装卸车、水平类型集装箱装卸车、滚装类型集装箱装卸车、挂车和底盘车、牵引车、叉车、堆垛机托盘搬运车、移动器码盘机、卸盘机、给盘机、汽车尾板装卸装置	专门用于搬运集装箱货物
散装作业机械	斗式类型装卸机、斗轮类型装卸机、侧翻类型装卸机、抓斗类型装卸机、连续输送机、气动输送装置	专门用于装载搬运散装货物

表 3-3 装卸搬运设备按结构特征分类表

机械类型	机械名称		特点
起重机械	轻小起重机、绞车电梯、升降机、桥式类型起重机、门式类型起重机、臂式类型起重机、梁式类型起重机		间歇作业、重复循环，短时载荷，升降活动，使货物在一定范围内上下、左右、前后移动
连续输送机械	有牵引构件输送机	带式输送机、板式输送机、链式输送机、悬挂式输送机、斗式提升式输送机、板式输送机、自动扶梯	连续动作，循环运动，持续载荷，路线一定
	无牵引构件的输送机	螺旋输送机、振动输送机、辊子输送机	
	气动输送装置	悬浮式气动输送装置、推送式气动输送装置	
工业车辆	叉车、跨车、侧叉、前移式叉车、插腿式叉车、平衡重式叉车、人力搬运车、台车、手推车、手动液压托盘搬运车、升降式搬运车、动力搬动力运车、无人轨道搬运车、牵引车、挂车、底盘车、单斗半载机		轮式无轨底盘上装有起重、输送、牵引、承载装置，可以在设施内进行流动作业
专业机械	翻车机、堆取料机、堆垛机、拆垛机、集装箱专用装卸机械、托盘专用装卸机械、船舶专用装卸机械、车辆专用装卸机械		带专用取物装置的起重、输送机械与工业车辆的综合，一般进行专门作业
	分拣专用机械（押出式、浮出式、斜行式、倾斜落下式）		在计算机的控制下连续动作，将不同的货物搬运到各自被指定的位置

表 3-4 装卸搬运设备按作业性质分类表

机械类型	机械名称	特点
装卸机械	手动葫芦、固定式起重机	结构简单，专业作业效率高，成本低，但功能单一，会降低系统效率
搬运机械	各种搬运车、手推车、带式输送机	
装卸搬运机械	叉车、跨运车、龙门起重机、气动装卸输送机	两种作业操作合二为一，系统效果较好

表 3-5 装卸搬运设备按作业对象分类表

机械类型	机械名称	特点
长大笨重货物的装卸搬运机械	轨行式起重机：龙门式起重机、桥式起重机、轨道起重机等；自行式起重机：汽车起重机、轮胎起重机和履带起重机等	长、大、重，结构和形状复杂
散装货物的装卸搬运机械	散装货物装车设备：抓斗起重机、装卸机、链斗装车机和输送机等；散装货物卸车设备：链斗式卸车机、螺旋式卸车机和抓斗起重机等；散装货物搬运：输送机	连续性强
成件包装货物的装卸搬运机械	叉车牵引车、挂车带式输送机等	单元化
集装箱货物的装卸搬运机械	1t 内燃叉车或电瓶叉车、龙门起重机或旋转起重机、叉车、集装箱跨运车、集装箱牵引车、集装箱搬运车等	单元化

小思考 3-4

针对集装箱货物、托盘货物、瓦楞纸箱货物、散堆货物分别找出装卸搬运方式（尽量多地选择，然后对每种选择进行分析）。

（3）装卸搬运作业程序（见图 3-1）

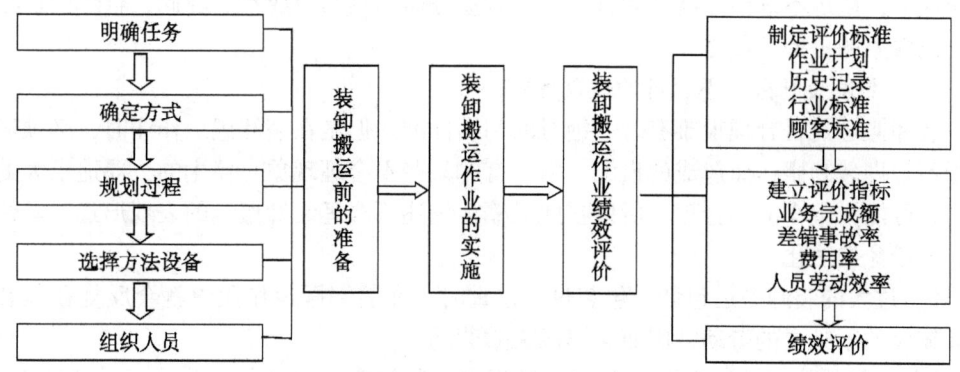

图 3-1 装卸搬运的作业程序

小思考 3-5

在青岛港 1 号码头，随着门机吊车把一钩啤酒稳稳当当装上"成功 8 号"船，青岛港顺利实现了 1~10 月啤酒装船 11.5 万吨、1 亿瓶啤酒一瓶不碎的壮举。啤酒作为易碎品，装船允许 3‰ 的货损率，1 亿瓶的正常破损量是 30 万瓶，按照市场价青岛港为货主和船东节省费用 200 多万元，创港口最好历史纪录。据介绍，啤酒在运输装船的过程中，有 6~7 个装卸环节，工人们专门制作了啤酒防振护垫、捆钩带等新型工具，对装卸、吊运等环节进行安全保障。请你考虑一下啤酒在运输装船的过程中是哪 6~7 个装卸环节？

（4）装卸搬运作业的组织

在具体实施装卸搬运作业之前，需要对作业方式、作业过程、作业设备以及作业人员进行一定的组织规划，以确保高效率地完成装卸搬运活动。

1）明确装卸搬运作业的任务。
2）确定装卸搬运作业的方式。
3）规划装卸搬运作业的路线。

小链接 3-2：装卸搬运路线类型

装卸搬运路线可分为直达型、渠道型和中心型三种（见图 3-2）。

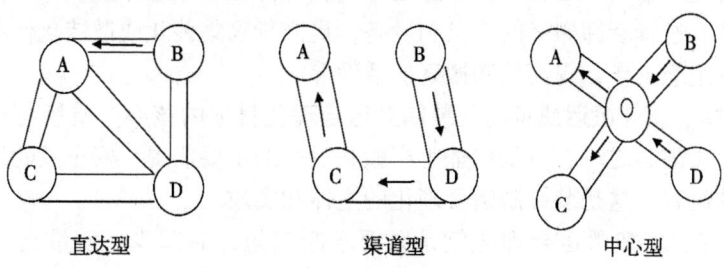

图 3-2 装卸搬运路线

小思考 3-6
A 车间某一物料的物流量大且搬运距离长。这说明了什么？

4. 怎样操作装卸搬运才合理？

物品由生产到消费的流动过程中，装卸搬运作业是不可缺少的，搬运的好坏影响着物流成本，搬运不好会把物品弄脏或造成破损进而影响物流成本。因此，合理搬运是提高物流效率的重要手段之一。

(1) 明确装卸搬运不合理的表现形式

装卸搬运是否合理很难有一个绝对的判别标准。但是在装卸搬运作业时，必须避免由于不合理装卸搬运而造成的损失。因为有时某些不合理现象是伴生的，要追求大的合理，就可能派生小的不合理，所以在此只概括论述不合理装卸搬运的表现形式，具体辨别时要避免绝对化。

1) 过大的装卸搬运包装。包装过大过重时，在装卸搬运作业中就会反复在包装上消耗较大的不必要的劳动，因而会形成无效劳动。

2) 过多的装卸搬运次数。在物流过程中，装卸搬运环节是发生货损的主要环节，而在整个物流过程中，装卸搬运又是反复进行的，其发生的频率超过其他任何活动。过多的装卸搬运必然导致损失风险的增加。同时，每增加一次装卸搬运，就会较大比例地增加费用，也会大大减缓整个物流的速度。

3) 无效物质的装卸搬运。进入物流过程中的货物，有时混杂着没有使用价值或对用户来讲使用价值不高的各种掺杂物，如煤炭中的矸石、矿石中的水分、石灰中的未烧熟石灰及过烧石灰等。在反复装卸搬运时，会对这些无效物质反复消耗劳力，因而形成无效劳动。

(2) 本着装卸搬运合理化的目标进行操作

欲使装卸搬运合理化，必须做到"短、少、高、省"四字要求。

1) 距离短。搬运距离的长短与搬运作业量大小和作业效率是联系在一起的。距离移动得越长，费用越大；距离移动得越短，费用越小。所以装卸搬运合理化的目标之一，就是尽可能使装卸搬运距离最短。相对集中的装卸搬运地点有利于降低搬运费用，提高搬运效率。

2) 时间少。装卸搬运时间少主要指货物从开始装卸搬运到完成装卸搬运的时间少。如果能尽量压缩装卸搬运时间，就能提高物流速度，及时满足客户的需求。因此，应根据实际情况，减少不必要的装卸搬运环节，降低装卸搬运作业次数，提高装卸搬运作业的连续性，选择装卸搬运的工具和设备，提高货物集装化或散装化作业水平，做好装卸搬运现场组织工作，提高装卸搬运的活性等。

3) 质量高。装卸搬运质量高是装卸搬运合理化目标的核心。质量高是为客户提供优质服务的主要内容之一，也是保证生产顺利进行的重要前提。安全及时地将货物装卸搬运到指定的位置，这是装卸搬运合理化的主体和实质。

4) 费用省。装卸搬运合理化就是既要求距离短、时间少、质量高，又要求费用省。如果真正实现装卸搬运机械化和物流现代化，装卸搬运费用肯定能大幅度减少。采取机械化、自动化装卸搬运作业，既能大幅度削减作业人员，又能降低人工费用。这方面费用削减的潜力很大。为此，应合理规划装卸搬运工艺，设法提高装卸作业的机械化程度，尽可能地实现装卸搬运作业的连续化，从而提高装卸搬运效率，降低装卸搬运成本。

小链接 3-3：装卸搬运活性

所谓活性是指货物从静止状态转变为运动状态的难易程度。货物存放的状态不同其活性也不一样，易装卸搬运的，活性就高。

对于不同放置状态的货物做了不同的活性规定，这就是"活性指数"，分为 0~4 共 5 个等级（见表 3-6）。

表 3-6 搬运活性指数

货物状态	货物移动的机动性	作业需求（依次）				需作业的数目	活性指数
		集中	搬起	升起	运走		
直接置地	移动时需逐个用人力搬到运输工具中	是	是	是	是	4	0
置于一般容器	可人工一次搬运，但不便于机械使用	否	是	是	是	3	1
集装化	可方便地使用机械搬运	否	否	是	是	2	2
置于无动力车内	无须借助其他机械便可移动	否	否	否	是	1	3
置于动力车或传送带	货物已处于移动状态	否	否	否	否	0	4

小思考 3-7

图 3-3 中的装卸搬运作业哪个是错的？错在哪？

图 3-3 装卸搬运作业

(3) 遵从装卸搬运合理化的基本原则进行操作

1) 省力化原则。装卸搬运使物料发生垂直和水平位移，必须通过做功才能实现，要尽力实现装卸作业的省力化。在装卸作业中应尽可能地消除重力的不利影响。即利用货物本身的重力移动物品，减少附加重量，如利用重力移动物品。利用重力式移动货架也是利用重力进行省力化装卸的方式之一。

2) 顺畅化原则。所谓顺畅化就是指作业场所无障碍、作业不间断、作业通道畅通。它是保证作业安全、提高作业效率的重要方面。

3) 短距化原则。短距化即以最短的距离完成装卸搬运作业。

4) 连续化原则。不间断的连续作业损耗小、安全性强、作业效率高。输油管道、输气管道、气力输送设备、皮带传送机、辊道输送机、旋转货架等都是连续化装卸搬运的有力证明。进行装卸作业时，为了不使连续的各种作业中途停顿而协调进行，整理其作业流程是很必要的。因此，进行"流程分析"，对商品的流动进行分析，使经常相关的作业配合在一起，也是很必要的。提高装卸搬运作业的连续性应做到：作业现场装卸搬运机械合理衔接，不同的装卸搬运作业在相互连接使用时，力求使它们的装卸搬运速率相等或接近；充分发挥装卸搬运调度人员的作用，一旦发生装卸搬运作业障碍或停滞状态，立即采取有力的措施补救。

5) 单元化原则。单元化装卸搬运是提高装卸搬运效率的有效方法，如集装箱、集装袋、托盘、货捆等单元化设备的利用都是单元化的例证。其优点是既可避免损坏、消耗、丢失，又容易查点数量，而且可提高装卸搬运的机械化水平和方便程度。

6) 活性化原则。如果装卸搬运的活性高，则装卸搬运的方便程度就高。应尽量将欲装卸搬运的货物放置成活性高的状态。

7) 系统化原则。即要从物流整体的角度考虑装卸搬运工作。在整个物流过程中，要从运输、储存、保管、包装与装卸的关系来考虑。装卸要适合运输、储存保管的规模，即装卸要起着支持并提高运输、储存保管能力、效率的作用，而不是起阻碍的作用。对于商品的包装来说也是一样的，过去是以装卸为前提进行的包装，要运进许多不必要的包装材料；现在采用集合包装，不仅可以减少包装材料，同时也省去了许多徒劳的运输。

8) 人格化原则。装卸搬运是重体力劳动，很容易超过人的承受限度。如果不考虑人的因素或不够尊重人格，容易发生野蛮装卸、乱扔乱摔现象。在不得已的情况下非依靠人力不可时，要考虑人的正常能力和抓拿的方便性、作业安全和人身安全及作业环境，尽可能让搬运距离不要太远。

小思考 3-8

你是如何看待"要使装卸搬运合理，就是尽量不进行装卸搬运"这句话的？

(4) 应从装卸搬运多个相关因素进行分析

装卸搬运作业要考虑许多因素，若不对这些因素加以分析研究，往往无法达到预期效果。通常，装卸搬运作业要考虑如下因素：

1) 搬运对象（搬运对象的种类、形态、特性、数量）。

2) 移动（移动的起点、终点、路径、距离、频度、速度）。

3) 搬运方法（人力条件、设备条件、方法特点等）。

4) 搬运建筑物（地板荷重、地板表面、建筑物的高度、周边的温度湿度条件等）。

5) 人体工学（使用人工操作及半自动化作业时，考虑到人体工学因素，也就是依照人体构造可以负担的荷重制定标准及方法，作为作业中的参考，这样可使人在作业中不至于容易疲劳和受到伤害）。

小链接 3-4：日本"六不改善法"的物流原则

日本物流界从工业工程的角度总结出改善物流装卸搬运效率的"六不"改善法。

1) 不让等——闲置时间为零，即通过正确地安排作业流程和作业量，使作业人员和作业机械能连续工作，不发生闲置现象。

2) 不让碰——与物品接触为零，即利用机械化、自动化物流设备进行物料装卸、搬运、分拣等作业，使作业人员在从事物料装卸、搬运、分拣等作业时尽量不直接接触物品，以减轻劳动强度。

3) 不让动——缩短移动距离和次数，即通过优化仓库内的物品放置位置和采用自动化搬运工具，减少物品和人员的移动距离和次数。

4) 不让想——操作简便，即按照专业化（Specialization）、简单化（Simplification）和标准化（Standardization）原则进行分解作业活动和作业流程，并应用计算机等现代化手段，使物流作业的操作简便化。

5) 不让找——整理整顿，即通过作业现场管理，使作业现场的工具和物品放置在一目了然的地方。

6) 不让写——无纸化，即通过应用条形码技术、信息技术等，使作业记录自动化。

小链接 3-5：集装箱的装卸和搬运作业

集装箱码头的装卸有几种典型的系统，即底盘车系统、跨运车系统、龙门起重机系统及混合型系统。

(1) 底盘车系统

底盘车系统的码头的前沿采用岸边集装箱装卸桥承担船舶的装卸作业，进口集装箱由装卸桥直接卸到底盘车上，集装箱牵引车将载有集装箱的底盘车拖到堆场停放，出场时集装箱牵引车将载有集装箱的底盘车从堆场上直接拖出港区。出口集装箱由集装箱牵引车将载有集装箱的底盘车从港区拖至堆场，装船时再由集装箱牵引车将载有集装箱的底盘车从堆场拖到码头前沿，由岸边集装箱装卸桥将箱吊装上船。该系统的主要特点是集装箱在码头堆场的整个停留期间均放置在底盘车上。底盘车系统的优点是：①集装箱在港的操作次数减少，装卸效率高，损坏率低；②工作组织简单，对装卸工人和管理人员的技术要求不高。底盘车系统的主要缺点是：①底盘车的需求量大，投资大，在运量高峰期可能会出现因底盘车不足而间断作业的现象；②不易实现自动化。底盘车系统主要适用集装箱码头的起步阶段，特别是整箱货比例较大的码头。

(2) 跨运车系统

跨运车系统的码头前沿采用岸边集装箱装卸桥承担船舶的装卸作业，跨运车承担码头前沿与堆场之间的水平运输、堆场的堆码和进出场车辆的装卸作业。即"船到场"

作业是由装卸桥将集装箱从船上卸到码头前沿，再由跨运车将集装箱搬运至码头堆场的指定箱位；"场到场""场到集装箱拖运车""场到货运站"等作业均由跨运车承担。跨运车系统的主要优点是：①跨运车一机完成多种作业（包括自取、搬运、堆垛、装卸车辆等），减少码头的机种和数量，便于组织管理；②跨运车机动灵活、对位快，岸边装卸桥只须将集装箱卸在码头前沿，无须准确对位，跨运车自行抓取运走，充分发挥岸边集装箱装卸桥的效率；③机动性强，既能搬运又能堆码，减少作业环节；④堆场的利用率较高，所需的场地面积较小。跨运车系统的主要缺点是：①跨运车机械结构复杂，液压部件多，故障率高，对维修人员的技术要求高，且造价昂贵；②跨运车的车体较大，驾驶室位置高、司机视野差，操作时需配备助手；③司机的操作水平要求较高，若司机对位不准，容易造成集装箱损坏。跨运车系统适用于进口重箱量大、出口重箱量小的集装箱码头。

(3) 龙门起重机系统

龙门起重机系统主要有两种：

1) 轮胎式龙门起重机系统。轮胎式龙门起重机系统的码头前沿采用岸边集装箱装卸桥承担船舶的装卸作业，轮胎式龙门起重机承担码头堆场的装卸和堆码作业，从码头前沿至堆场、堆场内箱区间的水平运输由集卡完成。轮胎式龙门起重机一般可跨6列和1列集卡车道，堆高为3~5层集装箱。轮胎式龙门起重机设有转向装置，能从一个箱区移至另一个箱区进行作业。轮胎式龙门起重机系统适用于陆地面积较小的码头。我国大部分集装箱码头采用这种工艺系统。

2) 轨道式龙门起重机系统。轨道式龙门起重机系统与轮胎式龙门起重机系统相比，堆场机械的跨距更大，堆高能力更强。轨道式龙门起重机可堆积4~5层集装箱，可跨14列甚至更多列集装箱。轨道式龙门起重机系统适用于场地面积有限、集装箱吞吐量较大的水陆联运码头。

(4) 混合型系统

从经济性和装卸性能的观点来看，前三项系统方案各有利弊，目前世界上有些港口采用了前述工艺方案的混合系统——跨运车—龙门吊混合系统。其主要特点是：①船边的装卸由岸边集装箱装卸桥承担；②进口集装箱的水平运输、堆码和交货装车由跨运车负责完成；③出口箱的货场与码头前沿之间的水平运输由集装箱半挂车完成，货场的装卸和堆码由轨道式龙门起重机完成。由于混合型系统能充分发挥各种机械的特点，扬长避短，更加趋于合理和完善，目前世界上已有不少码头采用这种系统。

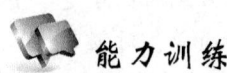 能力训练

1. 案例分析

1) 云南双鹤医药有限公司是北京双鹤负责西南业务的主要部门。虽然云南双鹤已形成规模化的产品生产和网络化的市场销售，但其流通过程中物流管理严重滞后，造成物流成本居高不下，不能形成价格优势。这严重阻碍了物流服务的开拓与发展，成为公司业务发展的"瓶颈"。

装卸搬运活动是衔接物流各环节活动正常进行的关键，而云南双鹤恰好忽视了这一点。由于搬运设备的现代化程度低，只有几个小型货架和手推车，大多数作业仍处于以人工作业为主的原始状态，工作效率低，且易损坏物品。另外仓库设计不合理，造成长距离搬运。并且库内作业流程混乱，形成重复搬运，大约有70%的无效搬运，这种过多的搬运次数，损坏了商品，也浪费了时间。

问题：

① 分析装卸搬运环节对企业发展的作用。

② 针对医药企业的特点，请对云南双鹤的搬运系统的改造提出建议和方法。

2）百安居零售店每天要接纳近百位供应商的供货，门店工作人员的装卸搬运、清点、检验工作繁杂、混乱，现场工作人员花了很多时间来处理收货。请你考虑以上情况中问题出现在哪里，有什么方法解决。

2. 模拟操作

1）完成开篇布置的任务。

2）天津通通物流公司现有10万平方米的自动化立体仓库，配有自动导向小车、堆垛机、传送带、辊轮机、中央控制台等现代化设备。另有50万平方米的小型仓库一座，配有货架、手动叉车、托盘等物流设备。现按合同收到图书10000件、服装6000件、矿泉水1000箱，汽车运送到库，请选择卸车作业方式和作业设备并组织作业。

3）某啤酒公司的啤酒包装和搬运过程如下：先将6瓶啤酒一起装入纸箱中，然后纸箱以三层每层20箱堆码在托盘上，采用叉车作业。但是因为啤酒太重，叉车作业时顶部的啤酒箱子容易滑倒。公司的搬运工程师想出了以下方法来解决问题：①顶部箱子用框架固定；②用绳子捆扎箱子；③用塑料胶带缠绕箱子；④采用箱式托盘。

试讨论分析上述四种方法的优缺点。另外，你还能想出其他方法解决这个问题吗？

任务四 运输管理

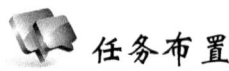

任务布置

某日公司市场部陶经理接到一客户电话,客户称有 80t 散装白砂糖需要在 7 天内从南宁运送到上海,还有 60t 袋装白砂糖(塑料袋装,每袋 400g)需要在 8 天内从南宁运送到天津。陶经理请小王考虑一下,这次运输任务该如何完成。

问题设置

1. 物流运输指的是什么?它具有什么特性?
2. 物流运输对人类的最大贡献是什么?它在物流行业中处于什么地位?
3. 如何进行合理的物流运输操作?

问题解答

1. 物流运输指的是什么?它具有什么特性?

(1) 物流运输指的是什么?

GB/T 18354—2006 对运输的定义:物流运输(Transportation)是指"用专用设备将物品从一地点向另一地点运送,其中包括集货、分配、搬运、中转、装入、卸下、分散等一系列操作"。

(2) 物流运输具有什么特性?

1) 货物运输是生产过程的继续。商品交易的空间障碍造就了对货物运输的需求。商品只有经过运输后才能开始消费,实现商品的效用。

2) 货物运输是一种服务。货物运输属于现代服务业范畴,是为社会生产和消费服务的,其产品就是一种服务。

3) 货物运输具有社会公共事务的特性。运输业是国民经济的纽带,与民众生活息息相关,对一国的军事战略、公共安全具有不可估量的作用,具有鲜明的社会公共事务的特性。铁路、公路、码头等设施建设的巨额投资,单一的私人资本不可能完成,需要政府重视运输业,担负起运输设施建设投资和管理的公共职能。

2. 物流运输对人类的最大贡献是什么?它在物流行业中处于什么地位?

(1) 物流运输对人类的最大贡献是什么?

物流运输对人类的最大贡献是它帮我们突破了道路上的空间障碍,使我们能在任何地方得到我们想要的物品,即物流运输具有产品转移功能,改变产品的地点与位置,创造出产品的空间效应。不仅如此，物流运输还具有产品短期储存功能，实现对产品进行临时储存的职能，创造出产品的时间效应。

（2）物流运输在物流行业中处于什么地位？

正由于物流运输具有产品转移和产品短期储存这两个功能，也就造就了它在物流行业中的一个非常重要的地位。

1）运输是物流的核心功能之一。运输不仅可以部分改变货物的时间状态，更是改变货物空间状态的主要手段，再配以搬运、配送等活动，就能圆满完成改变货物空间状态的全部任务。

2）运输是社会物质生产的必要条件之一。有了运输条件才能保证生产企业有节奏的生产，才能为开发新的自然和劳动资源创造必需的条件，才能促进地区经济的发展，才能发展国际贸易。

3）运输可以创造"场所效应"（或称"空间效应"）。同种货物由于所处的位置不同，其使用价值实现的程度则不同，即效用价值是不同的。

4）运输是"第三利润源"的主要源泉。这主要表现在：①运输是运动中的活动，其活动的时间长、距离远、消耗也大，消耗的绝对数量大，则节约的潜力也就大；②从运费来看，运费在全部物流费用中占最高比例，运输成本占物流成本的35%~50%，占商品价格的4%~10%，节约的潜力非常大；③由于运输总里程远，运输总量大，通过体制改革和运输合理化可大大缩短运输吨公里数，从而获得比较大的节约。

3. 如何进行合理的物流运输操作？

（1）物流运输作业的主要内容

1）运输对象分析。运输的对象——货物多种多样，而每种货物各有特性。根据货物对运输、装卸和储存的环境和技术要求，货物可以分为成件物品、散碎物品、液态物品、易腐物品、危险物品、超长超重物品等大类。成件物品是指可以以"件"为装卸、运输、储存单元且体积适中的物品，如机电产品、成件的百货商品、袋装或箱装的食品、袋装的水泥、筒装或罐装的液体商品等。散碎物品也称松散货物，是指不能以"件"为运输、装卸、储存单元的，呈颗粒状、碎块状或粉状的货物，如煤炭、砂石、粮食、水泥等。液态物品是指呈液体状态的货物，如石油及其液体石油产品等。易腐物品是指在物流过程中容易腐烂变质的货物，如鱼类、肉类和蔬菜等生鲜类食品等。危险物品是指易燃、易爆、有毒、有害等容易发生事故，造成人员伤害、财产损失或环境污染的货物，如汽油、炸药、有毒化学物品、放射性物品等。超长超重物品是指货物的长度、高度或重量超过一般标准的货物，如大型机电设备等。运输前一定要认清所要运输的货物的特性，做好运输前的货物包装和（或）适度的流通加工，为之后的操作打好基础。

2）运输方式选择。运输方式按运输工具分为铁路运输、公路运输、水路运输、航空运输、管道运输、多式联运六种，每一种运输方式各有优缺点（见表4-1），要针对货物特性、运输任务要求（路程远近、缓急程度、费用高低、运输的可得性和可靠性等）等情况做出针对性选择。

表 4-1 各种运输方式优缺点

运输方式	优点	缺点	适用情况
铁路运输	运量大、速度快、可靠性高、连续性强、远距离运输费用低，一般不受气候因素影响	受线路、货站、运行时刻、配车、编列等因素影响，不够灵活，近距离运输的费用较高	适用于中长距离的大批量运输。有整车运输、整箱运输（即集装箱运输）和零担运输
公路运输	灵活机动，可以进行门到门的连续运输；运输速度较快，适合于近距离运输，运输费用较省	运输单位小，不适用于大量运输；长距离运输运费较铁路高、效率低	适用于中短距离、中少数量的高频率配送。有自营运输、契约运输、公共运输和货运代理
水路运输	载重量大、能耗小、航道投资省、运输费用较低	运输速度较慢，港口的装卸费用较高，航运和装卸作业受气候条件的约束	适用于长距离、大批量的运输，适应于原材料、中间产品的运输。有沿海运输、近海运输、远洋运输和内河运输
航空运输	运输速度快，货物包装要求低	运输费用高、重量受限制，对航空港设施要求高，受气候条件影响大	适合于长距离快速运输，也适合于生鲜商品和高价、低重量小体积商品的运输。有班机运输、包机运输、集中托运和联合运输
管道运输	运量大、连续性强、损耗小、运输安全、建设投资省、高度专业化、货物不需要包装，不受地面气候影响	单向封闭的运输体系，灵活性很差，一次性固定投资大	主要用于成品油、天然气等液体和气体的运输。有原油运输、成品油运输、天然气运输和煤浆矿浆运输
多式联运	手续简便，责任统一；减少运输过程中的时间损失，使货物运输更快捷；节省了运杂费用，降低了运输成本；提高了运输组织水平，实现了门到门运输，使合理运输成为现实	协调性是难点。在更换运输方式的时候，一旦出现问题，追究责任难。因为多式联运的总承运人对整个运输过程承担责任，其他具体承运人只负责自己那段；转运次数多，增加货物丢失和损坏风险	主要用于大区域内一种运输方式无法通达目的地的情况

小链接 4-1：铁路运输的种类

按中国铁路技术条件，现行的铁路货物运输分为整车、零担、集装箱三种：整车适于运输大宗货物；零担适于运输小批量的零星货物；集装箱适于运输精密、贵重、易损的货物。

货物运输订单和铁路货物运单是货物运输合同的组成部分。零担和集装箱运输的货物，由发站接收完毕，整车货物装车完毕，发站在货物运单上加盖车站日期戳时即为承运。货物一经承运，运单内容即发生法律效力，所以，经办人在填记运单、订单内容时应认真如实填记。

按运输种类的不同，发货程序略有不同。整车货物运输按是否提报月度运输计划分为计划内运输和计划外运输，目前的计划审批方式为微机联网审批，部分没有微机的中间站在车务段网址录入,国联货物运输计划暂时到路局报批。集装箱货物运输以每车为一批的计划审批模式同整车,不以车数为批数的集装箱货物及零担货物运输随到随受理。

小链接4-2:公路运输的种类

1) 整车货物运输。一个托运人托运整车货物的重量(毛重)低于车辆额定载重量时,为合理使用车辆的载重能力,可以拼装另一托运人托运的货物,即一车两票或多票。

2) 零担货物运输。是指同一货物托运人托运的货物不足3t。

3) 特种货物运输。分为大笨重货物运输、贵重货物运输、鲜活易腐货物运输和危险货物运输四种。

4) 集装化运输。是指以集装单位为运输单位的货物运输。集装化运输的主要形式是托盘运输和集装箱运输。

5) 包车货物运输。

小链接4-3:水路运输的种类

水路运输分为海运和河运两类。海运是海洋运输的简称,是指使用船舶等水运工具经海上航道运送货物和旅客的一种运输方式。它具有运量大、成本低等优点,但运输速度慢,且受自然条件影响。它具体分为以下三种形式。①沿海运输。沿海运输是使用船舶通过大陆附近沿海航道运送客货的一种方式,一般使用中、小型船舶。②近海运输。近海运输是使用船舶通过大陆邻近国家海上航道运送客货的一种运输形式,视航程可使用中型船舶,也可使用小型船舶。③远洋运输。远洋运输是使用船舶跨大洋的长途运输形式,主要依靠运量大的大型船舶。河运特指内河运输,是指使用船舶和其他水运工具,在国内的江、河、湖泊、水库等天然或人工水道运送货物和旅客的一种运输方式。它具有成本低、耗能少、投资省、少占或不占农田等优点,但其受自然条件限制较大,速度较慢,连续性差。河运主要使用中、小型船舶。

小链接4-4:航空运输的种类

1) 班机运输方式是指定期开航、定航线、定始发站、定目的港、定途经站的飞机运输方式。

2) 包机运输方式可分为整架包机和部分包机两种。整架包机是指航空公司或包机代理公司,按照与租机人双方事先约定的条件和运价,将整架飞机租给租机人,从一个或几个航空站装运货物至指定目的地的运输方式。部分包机是指几家航空货运代理公司(或发货人)联合包租一架飞机,或者由包机公司把一架飞机的舱位分别卖给几家航空货运代理公司。

3) 集中托运方式是指航空货运代理公司把若干批单独发运的货物组成一整批,向航空公司办理托运,采用一份总运单集中发运到同一到站,或者运到某一预定的到站,由航空货运代理公司在目的地指定的代理收货,然后再报关并分拨给各实际收货人的运输方式。航空公司有按不同重量标准制定的多种运费费率,而且采用递减原则,这就使得航空货运代理公司可以把从不同的发货人那里收集的小件货物集中起来后,使用航空公司最便宜的运价,从而赚取运价的差额。

4) 联合运输方式。联合运输方式是指采用包括空运在内的两种以上运输方式的联合运输，具体的做法有陆空联运、陆空陆联运等。

5) 航空快件传送是目前国际航空运输中最快捷的运输方式。具体做法是派专人以最快的速度在货主、机场、用户之间运输和交接货物，主要有三种形式：从机场到机场、门到门、派专人随机送货。

小链接 4-5：国际多式联运必须具备的五个条件

按照《联合国国际货物多式联运公约》的解释，国际多式联运必须具备以下五个条件：

1) 至少是两种不同运输方式的国际连贯运输。
2) 有一份多式联运合同。
3) 使用一份包括全程的多式联运单据。
4) 由一个多式联运经营人对全程运输负责。
5) 执行全程单一的运费费率。

小链接 4-6：大陆桥运输

大陆桥运输是指以横贯大陆上的铁路、公路运输系统为中间桥梁，把大陆两端的海洋连接起来形成的海陆联运的连贯运输，它是集装箱多式联运的一种特殊形式。即采用海陆联运方式，全程由海运段和陆运段组成；比采用海运缩短路程，但增加装卸次数。大陆桥运输的四种方式分别是 OCP、MLB、IPI、SLB。

OCP 称为内陆公共点或陆上公共点，它的含义是使用两种运输方式将卸至海岸港口的货物通过铁路转运抵内陆公共点地区，并享有优惠运价。发货人将货物运至指定的海岸港口，就完成了联运提单的运输责任，发货人的责任止于海岸港口。OCP 运输的货运单证中，将卸货港和目的地列明，如 SEATTLE OCP—卸货港，OCPCHICACA—目的地。

MLB 运输称为小陆桥运输，也就是比大路桥的海—陆—海缩短了一段海上运输，形成海—陆或陆—海形式。

IPI 称为内陆点多式联运，是指使用联运提单，经海岸和沿海港口，利用集装箱拖车或铁路运输将货物运至内陆城市。

SLB（西伯利亚大陆桥）：经苏联远东的纳霍特卡港和东方港、横贯西伯利亚、到莫斯科，进而扩散到欧洲，是全球最重要的大陆桥运输线路，有铁—铁、铁—海（黑海）、铁—卡三种方式运输。优点为：运输距离缩短 1/2，途中时间减少，运输成本降低 20%~30%。

小思考 4-1

"厚、重、长、大"的货物选择什么运输方式好？

小思考 4-2

有一批数控机床要从南京运往重庆，最经济、最便利的运输方式是什么？

3) 运输工具选择。根据不同商品的性质、数量选择不同类型、额定吨位及对温度、湿度等有要求的运输车辆。

小思考 4-3

下列关于四种主要运输工具的运载量，由大到小正确的排列是：
1) 火车、汽车、飞机、轮船
2) 轮船、火车、飞机、汽车
3) 飞机、火车、汽车、轮船
4) 轮船、火车、汽车、飞机

4) 运输路线选择。运输路线，包括起点、途经站点以及终点，要受到商品产销关系的影响。选择正确的运输路线，其实质是消除商品迂回、重复装运等现象，使各种运输工具安全、迅速运行，最大限度地减少商品运输里程，缩短商品在途时间，降低运输费用，尽快地实现商品的使用价值和价值，满足市场需要。

5) 运输成本核算及运输价格确定。在货物运输过程中，产生了生产资料的耗费（如车辆、装卸机械、燃料、配件、工具等的价值耗费和相当于职工工资部分的价值耗费），这些价值耗费构成了运输成本，即运输成本是以货币的形式反映的、在一定时间内完成一定运输工作量的全部耗费，称该期运输总成本。单位运输产品分摊的运输费用支出，称单位运输产品成本，简称运输成本。运输成本是选择适宜的运输方式的一个重要因素，是制定货物运输价格的重要依据。运输价格是指运输企业对特定货物或旅客所提供的运输劳务的价格。运输价格能在一定程度内有效地调节各种运输方式的运输需求，即在总体运输能力基本不变的情况下，运输需求会因运输价格的变动而改变。但货物运输需求在性质上属于"派生需求"。运输总需求的大小主要还是取决于社会经济活动的总体水平，运输价格的高低对其产生的影响极其有限。当然，有时运输价格的变动对某一运输方式的需求调节也会较明显。形成运输价格的因素主要有运输成本、运输供求关系、运输市场的结构模式、国家有关经济政策以及各种运输方式之间的竞争等。运输价格是运输企业借以计算和取得运输收入的根本依据。因此，运输价格的高低，直接关系到运输企业的收入水平。同时，货物运输价格又是物流总成本中的有机组成部分，它的高低也会影响企业的生产经营决策。

小思考 4-4

影响运输成本的因素主要有哪些？

(2) 进行合理的运输操作

1) 运输合理的含义。所谓运输合理，就是在一定的产销条件下，货物的运量、运距、流向和中转环节合理，能以最适宜的运输工具、最低的运输费用、最少的运输环节、最佳的运输线路、最快的运输速度，将物资产品从原产地转移到规定地点。由于运输是物流中最重要的功能要素之一，物流合理化在很大程度上依赖于运输合理化。可以充分利用运输能力，提高运输效率，促进各种运输方式的合理分工，以最小的社会运输劳动耗费，及时满足国民经济的运输需要。可以使货物走最合理的路线、经最少的环节、以最快的速度、取最短的里程到达目的地，从而加速货物流通，降低费用，减少货损。可以消除运输中的种种浪费，提高商品的运输质量，充分发挥运输工具的效能，节约运力和人力。

2) 运输合理的原则。运输是实现物品空间位移的手段，也是物流活动的核心环节。

无论是物流企业，还是企业物流中，对运输组织管理应贯彻以下八字基本原则：及时、准确、经济、安全。

①及时，即按照用户要求的时间把货物送到消费地，或把货物按时送到销售地，尽量缩短货物的在途时间。

②准确，即在货物的运输过程中，切实防止各种差错事故，做到不错不乱、准确无误地完成运输任务。

③经济，即以最节约的方法调运货物，有效地利用各种运输工具和运输设施，节约人力、物力和动力，提高运输经济效益，降低货物运输费用。

④安全，即在货物的运输过程中，保证工作人员的人身安全；保证所运货物的安全，货物不发生霉烂、残损、丢失、燃烧、爆炸等事故，保证货物安全地运达目的地。

运输组织管理的"及时、准确、经济、安全"八字基本原则亦称物流运输的"四原则"，这四个方面是辩证的统一，必须进行综合考虑，忽视或片面强调任何一方面都是不行的。

3）不合理运输的表现。不合理运输是在现有条件下可以达到的运输水平而未达到，从而造成了运力浪费、运输时间增加、运费超支、商品流转速度延缓、商品损失增加等问题的运输形式。目前我国存在的主要不合理运输形式有：

①空驶。空车无货载行驶，可以说是不合理运输的最严重形式。在实际运输组织中，有时候必须调运空车，从管理上不能将其看成不合理运输。但是因调运不当、货源计划不周，不采用运输社会化体系而形成的空驶，是不合理运输的典型表现。造成空驶的不合理运输主要有以下几种原因：

- 能利用社会化的运输体系而不利用，却依靠自备车送货提货，这往往出现单程重车、单程空驶的不合理运输。
- 由于工作失误或计划不周，造成货源不实，车辆空去空回，形成双程空驶。
- 由于车辆过分专用，无法搭运回程货，只能单程实车、单程回空周转。

②对流运输，亦称"相向运输""交错运输"。同一种货物或彼此间可以互相代用而又不影响管理、技术及效益的货物，在同一线路上或平行线路上作相对方向的运送，而与对方运程的全部或一部分发生重叠交错的运输称对流运输。已经制定了合理流向图的产品，一般必须按合理流向的方向运输，如果与合理流向图指定的方向相反，也属对流运输。在判断对流运输时需注意的是，有的对流运输是不很明显的隐蔽对流，例如不同时间的相向运输，从发生运输的那个时间看，并未出现对流，可能做出错误的判断，所以要注意隐蔽的对流运输。

③迂回运输。这是舍近取远的一种运输，是可以选取短距离进行运输而不办，却选择路程较长路线进行运输的一种不合理形式。迂回运输有一定复杂性，不能简单处之，只有计划不周、地理不熟、组织不当而发生的迂回，才属于不合理运输。如果最短距离有交通阻塞、道路情况不好或有对噪声、排气等特殊限制而不能使用时发生的迂回，不能称不合理运输。

④重复运输。本来可以直接将货物运到目的地，但是在未达目的地之处，或目的地之外的其他场所将货卸下，再重复装运送达目的地，这是重复运输的一种形式。另一

种形式是，同品种货物在同一地点一面运进，同时又向外运出。重复运输的最大毛病是增加了非必要的中间环节，这就延缓了流通速度，增加了费用，增大了货损。

⑤倒流运输，是指货物从销地或中转地向产地或起运地回流的一种运输现象。其不合理程度要甚于对流运输，其原因在于，往返两程的运输都是不必要的，形成了双程的浪费。倒流运输也可以看成是隐蔽对流的一种特殊形式。

⑥过远运输，是指调运物资舍近求远，近处有资源不调而从远处调，这就造成可采取近程运输而未采取，拉长了货物运距的浪费现象。过远运输占用运力时间长、运输工具周转慢、物资占压资金时间长、远距离自然条件相差大，又易出现货损，增加了费用支出。

⑦运力选择不当。未选择各种运输工具优势而不正确地利用运输工具造成的不合理现象，常见的有以下若干形式。

- 弃水走陆。在同时可以利用水运及陆运时，不利用成本较低的水运或水陆联运，而选择成本较高的铁路运输或汽车运输，使水运优势不能发挥。
- 铁路、大型船舶过近运输。不是铁路及大型船舶的经济运行里程却利用这些运力进行运输的不合理做法。主要不合理之处在于火车及大型船舶起运及到达目的地的准备、装卸时间长，且机动灵活性不足，在过近距离中利用，发挥不了运速快的优势。相反，由于装卸时间长，反而会延长运输时间。另外，和小型运输设备比较，火车及大型船舶装卸难度大、费用也较高。
- 运输工具承载能力选择不当。不根据承运货物数量及重量选择，而盲目决定运输工具，造成过分超载、损坏车辆及货物不满载、浪费运力的现象。尤其是"大马拉小车"现象发生较多。由于装货量小，单位货物运输成本必然增加。

⑧托运方式选择不当。对于货主而言，是可以选择最好托运方式而未选择，造成运力浪费及费用支出加大的一种不合理运输。例如，应选择整车未选择，反而采取零担托运，应当直达而选择了中转运输，应当中转运输而选择了直达运输等都属于这一类型的不合理运输。

上述的各种不合理运输形式都是在特定条件下表现出来的，在进行判断时必须注意其不合理的前提条件，否则就容易出现判断的失误。例如，如果同一种产品，商标不同，价格不同，所发生的对流，不能绝对看成不合理，因为其中存在着市场机制引导的竞争，优胜劣汰，如果强调因为表面的对流而不允许运输，就会起到保护落后、阻碍竞争甚至助长地区封锁的作用。类似的例子，在各种不合理运输形式中都可以举出一些。再者，以上对不合理运输的描述，主要就形式本身而言，是主要从微观观察得出的结论。在实践中，必须将其放在物流系统中综合判断，在不做系统分析和综合判断时，很可能出现"效益背反"现象。单从一种情况来看，避免了不合理，做到了合理，但它的合理却使其他部分出现不合理。只有从系统角度，进行综合判断才能有效避免"效益背反"现象，从而优化全系统。

小链接4-7：效益背反

"效益背反"又称为"二律背反"，即两个相互排斥而又被认为是同样正确的命题之间的矛盾。物流成本的效益背反规律或二律背反效应又称为物流成本交替损益

(Trade off),是指在物流的各要素间,某一个功能要素的优化和利益发生的同时,必然会存在另一个或几个功能要素的利益损失,反之也如此。这是一种此涨彼消、此盈彼亏的现象。虽然在许多领域中这种现象都是存在着的,但物流领域中,这个问题似乎尤其严重。例如,包装问题,在产品销售市场和销售价格皆不变的前提下,假定其他成本因素也不变,那么包装方面每少花一分钱,这一分钱就必然转到收益上来,包装费用越低,利润则越高。但是一旦商品进入流通之后,如果简省的包装降低了产品的防护效果,造成了大量损失,就会造成储存、装卸、运输功能要素的工作劣化和效益大减,显然,包装活动的效益是以其他的损失为代价的,我国流通领域每年因包装不善出现的上百亿元的商品损失,就是这种效益背反的实证。物流成本与服务水平的效益背反是指物流服务的高水平必然带来企业业务量的增加,收入的增加,同时却也带来企业物流成本的增加,使得企业效益下降,即高水平的物流服务必然伴随着高水平的物流成本,而且物流服务水平与成本之间并非呈线性关系。在没有很大技术进步的情况下,企业很难同时做到提高物流水平和降低物流成本。

效益背反是可以逆向考虑的,就是恶化一项使其他项得到优化,例如,手被毒蛇咬了,那么只要把手砍掉,就可以保全身体其他部位。

小思考 4−5

有一运输公司,车型有5t、10t两种。所有的货物是当天货当天晚上发运,第二天晚上能到达目的地;顾客发货的要求是三天内到达。运输公司近三天的发货量如表4−2所示。

表4−2 运输公司近三天的发货量 单位:t

时间	石家庄	北京	徐州	上海	武汉	西安
第一天	4	3	2	9	5	6
第二天	2	6	8	7	12	8
第三天	3	1	5	3	7	5

发运方案如下。

第一天:发石家庄5t的车一辆、发北京5t的车一辆、发徐州5t的车一辆、发上海10t的车一辆、发武汉5t的车一辆、发西安10t的车一辆。

第二天:发石家庄5t的车一辆、发北京10t的车一辆、发徐州10t的车一辆、发上海10t的车一辆、发武汉5t和10t的车各一辆、发西安10t的车一辆。

第三天:发石家庄5t的车一辆、发北京5t的车一辆、发徐州5t的车一辆、发上海5t的车一辆、发武汉10t的车一辆、发西安5t的车一辆。

试分析:近三天的运输哪些是不合理的?请给出你的方案。

小思考 4−6

日本大和运输公司于1976年推出了一种全新的运输服务——宅急便运输。宅急便运输是家庭到家庭、企业到企业以及企业到家庭的小件物品的道路快运服务。这种运输服务和传统的运输服务有着明显的不同:①快速化,翌日送达;②便利化,通过电话委托取货或送到就近代办点；③简洁化，运费按件计算，托运不需复杂包装；④网络化，代办点遍布城市，24小时服务，实现了规模效益。它既完成了城市范围内的短距离运输，又实现了城市间的长距离运输。同时，它所运输的商品都是原来由邮局或铁路承担的小件物品。正是由于它的独特性，使得这种运输方式很快获得了巨大的成功。

请问：这种运输方式为什么能获得成功？

4）运输合理化的要素。影响物流运输合理化的因素很多，起决定作用的有五个方面，称为合理运输的"五要素"。

①运输距离。运输过程中，运输时间、运输运费等若干技术经济指标都与运输距离有一定的关系。运距长短是运输是否合理的一个最基本的因素。物流部门在组织商品运输时，首先要考虑运输距离，尽可能实行近产近销，避免舍近求远。

②运输环节。每增加一个运输环节，势必要增加运输的附属活动，如装卸、包装等，各项技术经济指标也会因此发生变化，因此减少运输环节有一定的促进作用。物流部门在调运商品时，对有条件直运的，尽可能组织直达、直拨运输，使商品不进入中转仓库，越过不必要的中间环节，由产地直接运到销地或用户，减少二次运输。

③运输工具。各种运输工具都有其优势领域，对运输工具进行优化选择，最大限度地发挥运输工具的特点和作用，是运输合理化的重要的一环。要根据不同商品的特点，分别利用铁路、水运或汽车运输等运输方式，选择最佳的运输线路，合理使用运力。改进车船的装载技术和装载方法，提高装载量；使用最少的运力，运输更多的商品，提高运输生产效率。

④运输时间。在全部物流时间中运输时间是绝大部分，尤其是远程运输。因此，运输时间的缩短对整个流通时间的缩短有决定性的作用。此外，运输时间缩短，还有利于加速运输工具的周转，充分发挥运力效能，提高运输线路通过能力，不同程度地改善不合理。所以在物流过程中，要特别强调运输时间，要抢时间、争速度，要想方设法加快货物运输，尽量压缩待运时间，使货物不要长期徘徊、停留在运输途中。

⑤运输费用。运输费用在全部物流费用中占很大的比例，运费在很大程度上决定了整个物流系统的竞争能力。实际上，运费的相对高低，无论对货主还是对物流企业都是运输是否合理化的一个重要标志。运费的高低也是各种合理化措施是否行之有效的最终判断依据之一。

上述因素，既互相联系，又互相影响，有的还相互矛盾。如在一定条件下，运输时间短了，费用却不一定低；或运输费用低了，而运输时间却又长了。这就要求进行综合分析，寻求最佳运输方案。在一般情况下，运输时间短和运输费用低，是考虑合理运输的两个主要因素，集中体现了物流过程中的经济效益。

5）运输合理化的措施。

①合理选择运输方式。

②合理选择运输工具。根据不同商品的性质、数量选择不同类型、额定吨位及对温度和湿度等有要求的运输车辆。

③合理选择运输路线。运输路线，包括起点、途经站点以及终点，要受到商品产销关系的影响。选择正确的运输路线，其实质是消除商品迂回、重复装运等现象，使各

种运输工具安全、迅速运行，最大限度地减少商品运输里程，缩短商品在途时间，降低运输费用，尽快地实现商品的使用价值和价值，满足市场需要。可采用线性规划法、图上作业法、表上作业法、节约里程法等优化运输路线。

④合理选择包装方式。货物运输线路的长短、装卸次数的多少都会影响到商品的完好，所以，应合理地选择包装物料，以提高包装质量，另外，有些商品的运输线路较短，且要采取特殊放置方法（如烫好的衣服应垂挂），则应改变相应的包装。货物包装的改进，对减少货物损失，降低运费支出，降低商品成本有明显的效果。

⑤进行适度流通加工。有不少产品由于产品本身形态及特性问题，很难实现运输的合理化，如果针对货物本身的特性进行适当加工，就能够有效解决合理运输的问题。例如，将造纸材料在产地先加工成纸浆，后压缩体积。

⑥提高车辆装载技术。提高车辆装载技术就是提高车辆装载量，是组织合理运输提高运输效率的重要内容。它一方面是最大限度地利用车船载重吨位，另一方面是充分使用车船装载容积。其主要做法有以下几种。

- 组织轻重配套装。即把实重货物和轻泡货物组装在一起，既可充分利用车船装载容积，又能达到装载重量，以提高运输工具的使用效率。例如，在海运矿石、黄沙等重质货物上面捎运木材、毛竹等。在不减少重质货物运输情况下，解决了轻质货的搭运，因而效果显著。

- 实行解体运输。对一些体积大、笨重、不易装卸又容易碰撞致损的货物，如自行车、缝纫机和科学仪器、机械等，可将其拆卸装车，分别包装，以缩小所占空间，并易于装卸和搬运提高运输装载效率。

- 提高堆码方法。根据车船的货位情况和不同货物的包装形状，采取各种有效的堆码方法，如多层装载、骑缝装载、紧密装载等，以提高运输效率。当然，改进物品包装，逐步实行单元化、托盘化，是提高车船技术装载量的一个重要条件。

⑦尽量发展直达运输（Through Transportation）就是在组织货物运输过程中，越过商业、物资仓库环节或铁路、交通中转环节，把货物从产地或起运地直接运到销地或用户，中途不需要换装和在储存场所停滞的一种运输方式。直达的优势，尤其是在一次运输批量和用户一次需求量达到了一整车时表现最为突出。此外，在生产资料、生活资料运输中，通过直达，建立稳定的产销关系和运输系统，有利于提高运输的计划水平。对生产资料来说，由于某些物资体积大或笨重，一般由生产厂矿直接供应消费单位（生产消费），实行直达运输，如煤炭、钢材、建材等。在商业部门，则根据不同的商品，采取不同的运输方法。有些商品规格简单可以由生产工厂直接供应到三级批发站、大型商店或用户，越过二级批发站环节，如纸张、肥皂等；也有些商品规格、花色比较复杂，可由生产工厂供应到批发站，再由批发站配送到零售商店或用户。至于外贸部门，多采取直达运输，对出口商品实行由产地直达口岸的办法。近年来，直达运输的比重逐步增加，它为减少物流中间环节创造了条件。特别值得一提的是，如同其他合理化运输一样，直达运输的合理性也是在一定条件下才会有所表现。如果从用户需求来看，批量大到一定程度，直达是合理的，批量较小时中转是合理的。

⑧尽量发展"四就"直拨运输。"四就"直拨运输指物流经理在组织货物调运的过

程中，以当地生产或外地到达的货物不运送批发仓库，采取直拨的办法，把货物直接分拨给市内基层批发、零售店或用户，从而减少一道中间环节。"四就"直拨，首先是由管理机构预先筹划，然后就厂、就站（码头）、就库、就车（船）将货物分送给用户，而无须再入库了。"四就"直拨运输就是就厂直拨、就车站（码头）直拨、就库直拨、就车（船）过载（见表4－2）。

"四就"直拨和直达运输是两种不同的合理运输形式，它们既有区别又有联系。直达运输一般是指运输里程较远、批量较大、往省（区）外发运的货物。"四就"直拨运输一般是指运输里程较近、批量较小，在大中型城市批发站所在地办理的直拨运输业务。二者是相辅相成、往往又交错在一起的。如果在实行直达运输的同时，再组织"就厂""就站"直拨，可以收到双重的经济效益。

表4－2 "四就"直拨运输主要形式

主要形式	含 义	具体方式
就厂直拨	物流部门从工厂收购产品，再经厂验收后，不经过中间仓库和不必要的运输环节，直接调拨给销售部门或直接送到车站码头运往目的地	厂际直拨、厂店直拨、厂批直拨、用工厂专用线、码头直接发运
就车直拨	物流部门对外地到达车站的货物，在交通运输部门允许占用货位的时间内，经交接验收后，直接分拨货运给各销售部门	直接运往市内各销售部门，直接运往外埠要货单位
就仓库直拨	在货物发货时越过逐级的层层调拨，直接从仓库拨给销售部门	对需要存储保管的货物就仓库直拨，对需要更新库存的货物就仓库直拨，对常年销售货物就仓库直拨，对季节生产、常年销售货物就仓库直拨
就车船直拨	对外地用车、船运入的货物，经交接验收后，不在车站或码头存放，不入库保管，随即通过其他运输工具换装置直接运至销售部门	就火车直装汽车，就船直装火车或汽车，就大船过驳小船

⑨尽量发展合装整车运输。合装整车运输，也称"零担拼整车中转分运"，是指根据被运输物资的数量和形状等，选择合适的车辆，以车厢为单位的运输方法。它主要适用于商业、供销等部门的小件杂货运输。即物流企业在组织铁路货运当中，由同一发货人将不同品种发往同一到站、同一收货人的零担托运货物，由物流企业自己组配在一个车辆内，以车厢为单位，托运到目的地；或把同一方向不同到站的零担货物，集中组配在一个车辆内，运到一个适当的车站，然后再中转分运。这是因为，在铁路货运当中，有两种托运方式，一种是整车，另一种是零担，二者之间的运价相差很大。采取合装整车的办法，可以减少一部分运输费用，并节约社会劳动力。

⑩大力发展社会化的运输体系。运输社会化的含义是发展运输的大生产优势，实行专业化分工，打破物流企业自成运输体系的状况。单个物流公司车辆自有、自我服务，不能形成规模，且运量需求有限，难于自我调剂，因而经常容易出现空缺、运力选

择不当、不能满载等浪费现象，且配套的接发货设施、装卸搬运设施也很难有效运行，所以浪费颇大。实行运输社会化，可以统一安排运输工具，避免迂回、倒流、空驶、运力选择不当等，不但可以追求组织效益而且可以追求规模效益，所以发展社会化的运输体系是运输合理化的非常重要的措施。

小思考 4-7

请判断以下情况是否妥当：

1）8t 的钢材采用铁路运输。

2）1 万吨海盐从天津的长芦盐场运往上海采用铁路运输。

3）10 万吨货物从汕头到汕尾采用轮船运输。

小思考 4-8

已知起运地和目的地，运输相应的货物。请选择合适的运输方式并说明理由。

1）上海—波士顿，3000 件女士棉衬衣。

2）广州—香港，10000kg 鲜鸡蛋。

3）长沙—岳阳，200 箱矿泉水。

4）广州—长沙，100kg 海鲜。

小链接 4-8：几种运输方式

1）复合一贯制运输（Combined Transportation）：吸取铁路、汽车、轮船、飞机等基本运输方式的长处，把它们有机地结合起来，实行多环节、多区段、多工具相互衔接进行商品运输的方式。

2）一贯托盘化运输（All Palletization Transport）：物品从发货到收货，一直装载在托盘上进行的运输。

3）中转运输（Transfer Transportation）：物品由生产地到最终使用地，中途经过一次以上落地并换装的一种运输方式。

4）散装化运输（In Bulk Transportation）：用专门机械、器具进行运输、装卸的散状物品在某个物流范围内，不用任何包装，长期固定采用吸扬、抓斗等机械和器具进行装卸和运输储存的作业方式。散装化主要适用于像谷物、水泥、盐、细砂等散状物品，实施从产出到使用全过程不包装运输和储存的作业体系。

5）门到门运输（Door to Door Transportation）：物品从发货点到达收货点的全部运输过程均由运输部门直接承担的一种运输业务。即不论运程远近或全程需经过几个运输环节，承运人对所承运物品的责任期限，从承运人仓库收货开始，至物品交给收货人仓库时止。

6）门到站运输（Door to CFS Transportation）：承运人在托运人的工厂或仓库整箱接货，运抵目的地集装箱货运站，拆箱后，按件交付收货人。

7）站到门运输（CFS to Door Transportation）：承运人在起运地集装箱货运站按件接货并装箱负责运抵收货人的工厂或仓库整箱交货。

8）智能化运输（Intelligent Transportation Systems，ITS）：应用现代通信、信息、网络、控制、电子等技术，建立一个高效运输系统，包括先进的交通信息服务系统、先进的交通管理系统、先进的车辆控制系统、营运火车管理、电子收费系统、紧急救援系统等。

9) 水运拖排和拖带法。竹、木等物资的运输,利用竹、木本身浮力,不用运输工具载运,采取拖带法运输,可省去运输工具本身的动力消耗从而使运输合理;将无动力驳船编成一定队形,一般是"纵队",用拖排拖带行驶,可以比船舶载乘的运输量大。

10) 顶推法,是我国内河货运采取的一种有效方法,即将内河驳船编成一定队形,由机动船顶推前进的航行方法。其优点是航行阻力小,顶推量大,速度较快,运输成本很低。

11) 驼背运输。

 能力训练

1. 案例分析

1) 罗非鱼是一种热带鱼类,具有生长快、肉质好、没有肌间刺的特点,深受广大消费者的欢迎。罗非鱼的另一个特点是致死温度为8~10℃,即使在1~15℃的温度也很容易冻伤,冻伤后的罗非鱼很容易得水霉病死亡。5月份新疆南部池塘水温已升到20℃以上,适宜罗非鱼的投入,新疆生产建设兵团某师水产技术推广站于2006年5月上旬从新疆石河子运输3万尾罗非鱼苗到阿克苏市,运距1200km,横跨天山南北。本次运输有两个难点,一是罗非鱼是热带鱼,运输时温度不能低于15℃,但水温又不能太高,水温太高会导致罗非鱼活动加剧,新陈代谢加快,容易引起缺氧;二是运输路途长,气候多变,可能引起水温下降太多。经过精心准备,本次运输比较成功,成活率达到了99.8%,投入池塘后也很少看到鱼苗死亡。想一想他们是如何制定和实施运输方案的呢?

2) 程明物流运输公司首次承揽到五个集装箱运输业务,由于时间较紧,从上海到大连铁路1200km,公路1600km,水路1200km。该公司自有13辆10t普通卡车和一个自动化立体仓库,经联系附近一家联运公司虽无集装箱卡车,却有专业人才和货代经验,只是要价比较高。至于零星集装箱安排落实车皮和船舱,实在心中无底。假如你是公司的业务员,你认为采取以下哪种措施比较妥当?为什么?①自己购买若干辆集装箱卡车然后组织运输;②想法请铁路部门安排运输但心中无底;③水路最短路程,请航运公司来解决运输;④联运公司虽无集卡,但可叫其租车完成此项运输;⑤没有合适的运输工具,推掉该项业务。

2. 模拟操作

1) 完成开篇布置的任务。

2) 天津桂发祥十八街麻花总店要从工厂直接装运500箱麻花送往广州的一个批发中心。这批货物价值为10万元,北京北郊的批发中心确定这批货物的标准运输时间为2.5天,如果超出标准时间,每箱麻花每天的机会成本是30元。桂发祥的经理设计了下述两个运输方案,请从成本的角度、货运质量的角度、运输方式优缺点的角度帮助桂发祥的经理选择运输方案。

方案1:A公司是一家长途货物运输企业,可以按照0.05元/(箱·km)来运送,装卸费为每箱0.10元。已知天津到广州的公路运输里程为1100km,估计需要3天的时间才能运到。

方案 2：B 运输公司提供全方位的运输服务，报价为 22800 元，它承诺在标准时间内运到，但准点百分率为 80%。

3）李先生因业务发展需要，将其办公地点从山西太原搬迁到广西柳州，需要托运一批私人物品到广西柳州，货物包括 36 寸液晶彩色电视机 2 台、美的柜式空调 1 部、美的柜式冰箱 1 台、衣物 4 大包（每包重约 30kg）、书籍 2 大箱（每箱重约 40kg）、山西老陈醋 4 件、其他山西特产干货 2 箱（每箱重约 30kg）。李先生打算中途回湖北老家一趟，大约 2 个星期后到广西柳州，他期望届时能收到这批货物，并且价格经济合理。

请为李先生提供一物流运输解决方案，并简要说明理由。

任务五 仓储管理

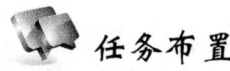 任务布置

今接到天津曙光集团的到货通知单。

南方物流有限公司：

我司有一批货物将于明日送达，请通知各仓库做好收货准备。

天津曙光集团
2016.11.12

送货单（仓库）

NO. 0102230

购货单位：天津曙光集团		2016年11月12日					收货人：陈好	
产品名称	批次	规格/mm	计量单位	数量	单价	金额	备注	
地砖	①	620×600×30	块	1000				
瓷砖	①	580×450×20	块	1500				
马桶	①	740×430×760	个	480				
合计								
注：货物一经上车，出现意外造成损失概由司机负责。					驾驶员签名：张雨 送货车牌号：粤AS888			
业务员签名：方林		发货人：李飞				复核：樊英		

如果你是南方物流有限公司的仓库管理员，你该如何安排接货、安排货位？货主取货时你又应该如何安排？

 问题设置

1. 如何理解"仓储"二字？
2. 仓储对人类的最大贡献是什么？它在物流行业中起什么作用？
3. 如何进行合理的仓储操作？

 问题解答

1. 如何理解"仓储"二字？

人类社会自从剩余产品出现以来，就产生了储存。"积谷防饥"是中国古代的一句

63

警世名言。对"仓储"二字,我们需从多层面理解。

(1) 仓储的基本含义

"仓"也称为仓库,指存放货物的建筑物和场地,可以为房屋建筑,也可以是大型容器、洞穴或者特定的场地。"储"表示收存以备使用。仓储就是利用仓库存储物品。

GB/T 18354—2006 对仓储(Warehousing)的定义是:利用仓库及相关设施设备进行物品的入库、存储、出库的活动。

平时我们也听说储存、库存、保管、储备这些词,但仓储与储存、库存、保管、储备不同。GB/T 18354—2006 中给出了相应的定义:储存(Storing)指保护、管理、储藏物品;库存(Stock)是指储存作为今后按预定的目的使用而处于闲置或非生产状态的物品,广义的库存还包括处于制造加工状态和运输状态的物品;保管(Storage)指对物品进行储存,并对其进行物理性管理的活动;储备(Reserves)指为应对突发公共事件和国家宏观调控的需要,对物品进行的储存,可分为当年储备、长期储备、战略储备。

小链接 5-1:"仓库"二字的演绎

中国古代人们的"仓"是指储藏粮食的场所,而"库"则是指储存物品的场所。以后,人们逐渐将"仓"和"库"两个字连在一起用,表示储存各种商品的场所。随着商品经济的飞速发展,现代意义上的仓库已不同于古代的仓库了,其含义要广泛得多。

小链接 5-2:仓库的主要类型(见图 5-1)

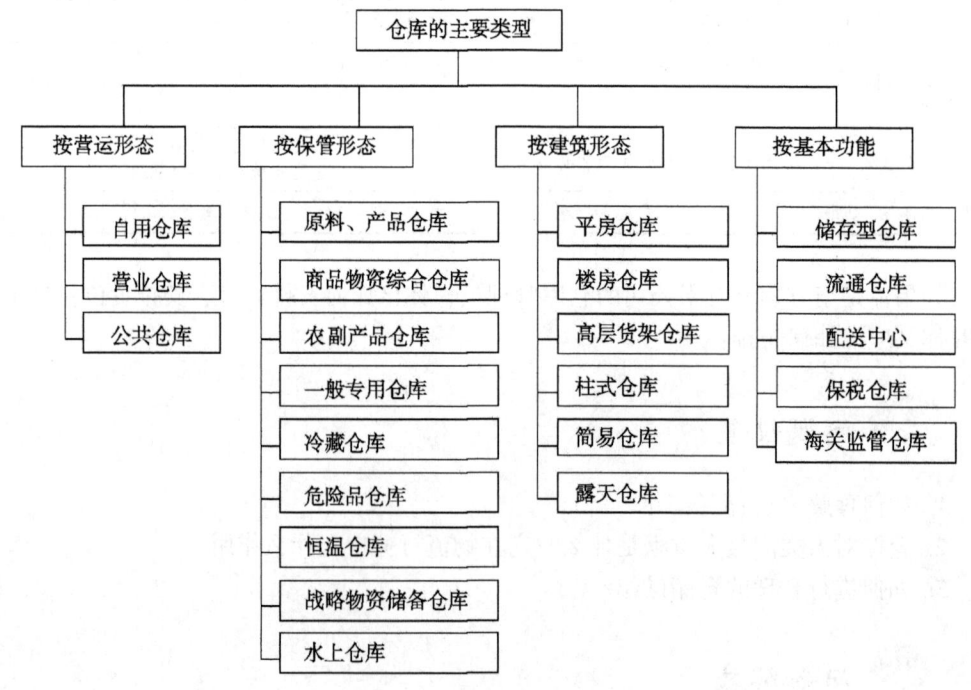

图 5-1 仓库的主要类型

小链接 5－3：仓储的主要设备（见图 5－2）

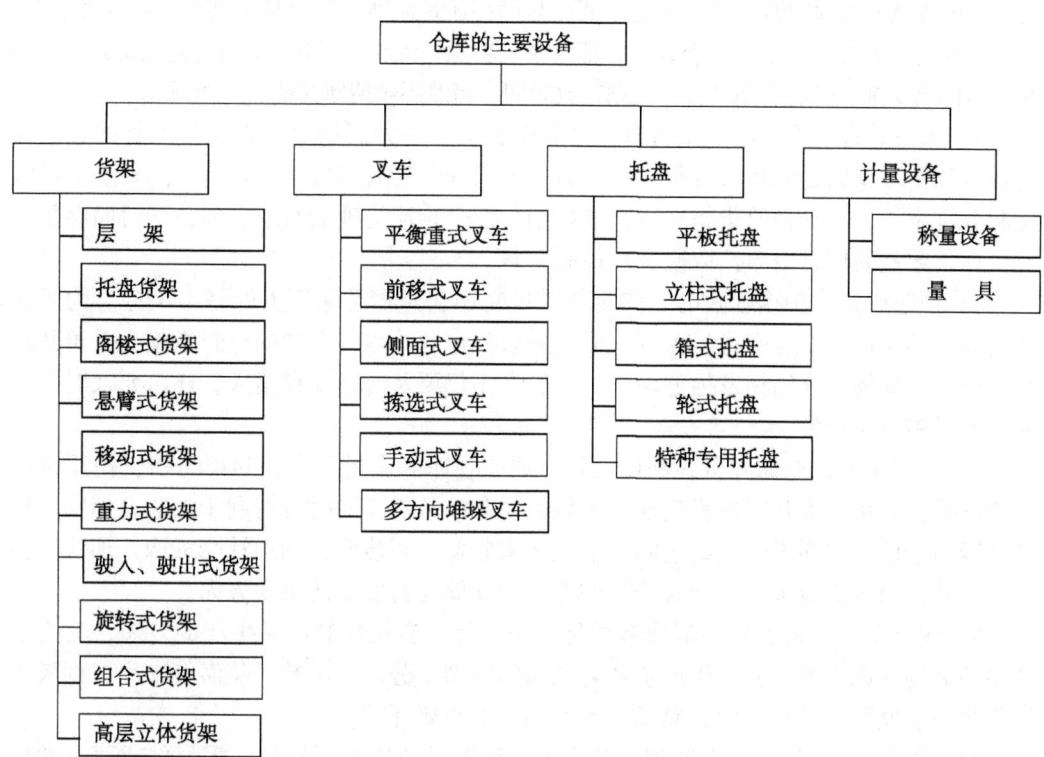

图 5－2　仓储的主要设备

（2）仓储的形成

仓储的形成是有历史性层次特征的。

原始社会，剩余产品的产生就形成了储备。秋天打下的粮食，一下子吃不完，把它储存起来，就形成了储备。这种储备的作用是储备剩余物资，以待启用。以后出现了战争和灾害，人们为了防备战争和灾害，平常有计划有目的地进行储备。这种储备的是一种保险储备，以应付以后需要。后来，随着农业、工场手工业的发展，特别是 17 世纪以来商业和工业的发展，出现多环节的生产过程和流通过程，为保障生产和流通各个环节的顺利进行，需要一些物资处在等待、准备状态，这就在生产和流通的各环节上进行了储备，是生产和流通顺利进行的条件。

上面三种储备中，剩余储备和保险储备可以合在一起，统称为预防性储备。这种储备是为了防备以后的风险，一般采用较长时间的储备形式。第三种储备是为了周转，是为生产和流通的进行做准备或服务，是生产和流通顺利进行的前提条件，称为周转性储备，一般是临时的储备。

（3）仓储的基本任务

1）物资储存。储存是仓储的最基本任务，是仓储产生的根本原因。储存的目的是确保储存物的价值不受损害，保管人有绝对的义务妥善保管好储存物。储存物始终属于存货人所有，存货人有权控制储存物。

2）流通控制。仓储的时间既可以长期进行也可以短期开展，存期的控制自然就形成了对流通的控制。流通中的需要，决定了商品是储存还是流通。当交易不利时，将商品储存，等待有利的交易机会，这就是仓储的"蓄水池"功能。流通控制的任务就是对物资是仓储还是流通作出安排，确定储存时机、计划存放时间，当然还包括储存地点的选择。

3）数量管理。仓储的数量管理包括两个方面：一方面是存货人交付保管的仓储物的数量和提取仓储物的数量必须一致；另一方面是保管人可以按照存货人的要求分批收货和分批出货，对储存的货物进行数量控制，配合物流管理的有效实施，同时向存货人提供存货数量的信息服务，以便客户控制存货。

4）质量管理。根据收货时仓储物的质量交还仓储物是保管人的基本义务。为了保证仓储物的质量不发生变化，保管人需要采取先进的技术、合理的保管措施，妥善和勤勉地保管仓储物。仓储物发生危险时，保管人不仅要及时通知存货人，还需要及时采取有效的措施减小损失。

5）交易中介。仓储经营人利用大量存放在仓库的有形资产，利用与物资使用部门广泛的业务联系，为开展现货交易提供较为便利的条件，同时也有利于加速仓储物的周转和吸引仓储。这样不仅会给仓储经营人带来收益，还能充分利用社会资源，加快社会资金周转，减少资金沉淀。交易功能的开发是仓储经营发展的重要方向。

6）流通加工。随着满足消费多样化、个性化、变化快的产品生产的发展，又为了严格控制物流成本的需要，生产企业将产品的定型、分装、组装、装潢等工序留到最接近销售的仓储环节进行，使仓储成为流通加工的重要环节。

7）配送配载。设置在生产和消费集中地区附近的生产原材料、零部件或商品的仓储，对生产车间和销售点的配送成为基本业务，根据生产的进度和销售的需要由仓库不间断地、小批量地将仓储物送到生产线、零售商店或收货人手上。仓储配送业务的发展，有利于生产企业降低存货，减少固定资金投入，实现准时制生产；商店减少存货，降低流动资金使用量，且能保证销售。

大多数运输转换仓储都具有配载的任务。货物在仓库集中，按照运输的方向分类仓储，当运输工具到达时出库装运。而在配送中心，就是不断地对运输车辆进行配载，确保配送的及时进行和运输工具的充分利用。

（4）仓储的基本类型

对商品储存进行合适的分类，非常有助于包装、运输、保管、加工等其他重要物流环节的工作。

按照不同的分类标准，商品储存可以大致分为以下几类（见表 5-1 至表 5-8）。

表 5-1 按商品储存形态分类

类别	基本含义	应用要点
原材料库存	指企业购入的尚未开始加工的原材料的库存	应本着靠近生产加工车间、便于生产加工作业流程的原则，并且原材料作为生产的必需品，其购进、储存应严格遵循科学的库存方法
成品库存	指企业已经生产完毕但尚未卖出的产成品的库存	应独立储存，要同半成品或未经检验品隔离，并且要便于装载运出

续表

类别	基本含义	应用要点
部件库存	指企业已经加工完毕但尚未组装的部件的库存	如果是标准化的能够无序组装的产品，仅按部件名称和类属区分存放即可；如果是非标准化的不能够无序组装的产品，则应该本着方便组装工序流程的原则分门别类存放
备件库存	指企业在设备修理中需经常更换的易损零件的库存	一般可以根据年度消耗使用情况，集中采购，集中存放

表 5-2 按仓储对象分类

类别	基本含义	应用要点
普通物品仓储	是指不需要特殊条件的物品仓储，其设备和库房建造都比较简单，使用范围较广	这类仓储有一般性的保管场所和设施，常温保管，自然通风，无特殊功能
专用仓储	是专门用来储存某一类（种）物品的仓储。一般由于物品本身的特殊性质，如对温湿度的特殊要求或易于对与之共同储存的物品产生不良影响	要专库储存，如机电产品、食糖、烟草仓库等
特殊物品仓储	是在保管中有特殊要求和需要满足特殊条件的物品仓储，如危险品、石油、冷藏物品等	这类仓储必须配备防火、防爆、防虫等专门设备，其建筑构造、安全设施都与一般仓库不同，如冷冻仓库、石油库、化学危险品仓库等

表 5-3 按仓储的功能分类

类别	基本含义	应用要点
生产仓储	为生产领域服务的仓储	主要是用来保管生产企业生产加工的原材料、燃料、在制品和待销售的产成品，包括原材料仓储、在制品仓储和成品仓储
流通仓储	为流通领域服务的仓储，包括批发仓库、零售仓库	专门储存和保管流通企业待销售的商品
中转仓储	是衔接不同运输方式的仓储，主要设置在生产地和消费地之间的交通枢纽地，如港口、车站等	中转仓储具有货物大进大出的特点，储存期限短，注重货物的周转效率
保税仓储	是指使用海关核准的保税仓库存放保税货物的仓储行为。保税仓储储存的对象是暂时入境并且还需要复运出境的货物，或者是海关批准暂缓纳税的进口货物	保税仓储受到海关的直接监控，虽然储存的货物由存货人委托保管，但保管人要对海关负责，入库或出库单均需要由海关签署
加工型仓储	是商品保管和加工相结合的仓储活动。其主要职责是根据市场需要，对商品进行选择、分类、整理、更换等流通加工活动	专业性较强。应与钢铁、木材等加工批量大、加工设备及其技术有一定要求的这类生产企业相链接

表5-4 按仓储物品的处理方式分类

类别	基本含义	应用要点
保管式仓储	也称为纯仓储,是以保管物原样保持不变的方式所进行的仓储。存货人将特定的物品交由保管人进行保管,到期保管人将原物交还存货人。保管式仓储又分为仓储物独立保管仓储和将同类仓储物混合在一起的混藏式仓储	保管物除了发生自然损耗和自然减量外,数量、质量不发生变化
消费式仓储	保管人在接收保管物时,同时接收保管物的所有权,保管人在仓储期间有权对仓储物行使所有权。仓储期满后,保管人将相同种类和数量的替代物交还给委托人	消费式仓储特别适合保管期较短和市场价格变化较大的商品的长期存放

表5-5 按仓储在社会再生产中的作用分类

类别	基本含义	应用要点
生产储备	指用于生产或再生产的商品或物资储备	应根据生产制造计划,有严格的计划、组织及统筹安排,以保证生产进程平稳、有序、持续地进行,不因生产储备的某些或全部种类缺乏而受影响
消费储备	指储备物资主要用于消费目的,不再参与生产流通的储备	稳定的、持续的消费储备的供给是直接影响国计民生的要素
流通储备	指用于流通环节的物资储备	这类储备的物资往往可以重复使用,其功能是使得物资进行空间或时间上的转移或者转化
国家储备	指国家出于国防、安全等方面的统筹谋划,对一些重要的战略物资予以储备	国家战略性意义

表5-6 按库存集中程度分类

类别	基本含义	应用要点
集中储存	指以一定的数量集中于一个场所中的储存	易达到"规模效益",便于采用先进科学技术,实行机械化、自动化操作
分散储存	指在地域上分布较广,而每个储存点的储存数量相对较低的储存	规模较小,往往只是面向某一特定的细分市场需求的储存,其储存量取决于该目标市场的生产要求及经营规模
零库存	指某一领域不再保有库存,以无库存(或很低库存)作为生产或供应保障的一种系统方式	"零库存"是现代企业追求的目标

表5-7 按商品储存的位置分类

类别	基本含义	应用要点
仓库储存	指储存的位置是各种类型的仓库、库棚、料场之中的储存	需要有一套基础设施,还需要有入库、出库等正式手续
车间储存	是生产过程中暂存形式,相对正式的仓库库存形态而言,车间储存是一种非正式储存形式	很少有存、取等正式手续,也不进行核算

续表

类别	基本含义	应用要点
站场港储存	是在物流过程中衔接点的储存,其目的在于为发运和提货准备,是一种暂存的、服务性的、附属性的储存	没有很强的计划性

表 5-8　按仓储经营主体分类

类别	基本含义	应用要点
自营仓储	主要包括生产企业仓储和流通企业仓储。生产企业为保障原材料供应、半成品及成品的保管需要而进行仓储保管,其储存的对象较为单一,以满足生产为原则。流通企业自营仓储则为流通企业经营的商品进行仓储保管,其目的是支持销售	自营仓储不具有经营独立性,仅仅是为企业的产品生产或商品经营活动服务,不对外经营。相对来说自营仓储规模小,数量众多,专业性强,仓储专业化程度低,设施简单
营业仓储	是仓储经营人以其拥有的仓储设施,向社会提出仓储服务。仓储经营人与存货人通过订立仓储合同的方式建立仓储关系,并且根据合同约定提供仓储服务并收取仓储费	面向社会,以经营为手段,追求利益最大化。与自营仓储相比,营业仓储的使用效率较高,属于专业仓储单位
公共仓储	是公用事业的配套服务设施,为车站、码头提供仓储配套服务,其运作的主要目的是保证车站、码头等的货物作业和运输,具有内部服务的性质,处于从属地位	对于存货人而言,公共仓储适用营业仓储的关系,只是不独立订立仓储合同,而是将仓储关系列在作业合同、运输合同之中,仓储费包含在运费中
战略储备仓储	是国家根据国防安全、社会稳定的需要,对战略物资进行储备	特别重视储备品的安全性,且储备时间较长。储备的物资主要有粮食、油料、有色金属等

2. 仓储对人类的最大贡献是什么？它在物流行业中起什么作用？

（1）仓储对人类的最大贡献是什么？

仓储对人类的最大贡献是它帮我们突破了需求满足在道路上的时间障碍,使我们能在任何时间得到我们想要的物品。即仓储具有产品储存功能,创造出产品的时间效应。

（2）仓储在物流行业中起什么作用？

1）仓储的积极作用。

①仓储是物质生产过程中的必要环节和支撑条件。

②仓储是物流系统中的不可缺少的重要环节。

③仓储是商品流通的"调节器"。

④仓储是商品时间价值的创造者之一。

⑤仓储是重要的"第三利润源泉"。

⑥仓储是运输工具载运能力的"平衡器"。

2）仓储的消极作用。

①固定费用和变动费用支出。

②机会损失。

③陈旧损失和跌价损失。
④保险费支出。
⑤经营风险。

小思考 5–1

对仓储，我们既可以形容它是"蓄水池"，又可以将它比作"河流"。对此，你有怎样的看法？

小思考 5–2

有一说法："现代仓储的功能已由保管型向流通型转变。"你认同吗？"流通型仓储"又是何含义？

3. 如何进行合理的仓储操作？

（1）认知仓储合理化

1）仓储合理化的基本含义。仓储合理化是提高物流体系工作效率的必要条件。所谓仓储合理化，就是用最经济的办法实现仓储的相关功能。仓储的不合理往往表现在对仓储功能实现的过分强调，由于过分投入仓储力量和其他仓储劳动造成库存的不合理。所以，合理仓储的实质是在保证仓储功能实现的前提下，系统的投入最少。

2）仓储合理化的主要影响因素。影响仓储合理化的因素主要有仓储数量、仓储时间、仓储结构、仓储网络和仓储条件。

①仓储数量。仓储虽然以一定数量形成保证供应、保证生产、保证消费的能力，但仓储的损失（各种有形及无形的损失）是随着仓储数量的增加而正比例增加的。所以，仓储数量既不能太少，也不能太多，一定要适度。太少了，虽然仓储的各种损失会较低，但会降低储存对供应、生产、消费的保证能力，甚至仓储数量降低到一定程度，由于保证能力的大幅度削弱会引起巨大损失，其损失远远超过由于减少仓储量防止库存损失、减少利息支出损失等带来的收益。太多了，就会占用资金，增加保管费用和库存风险。

②仓储时间。仓储时间与商品销售时间成反比关系，商品销得越快，仓储时间就越短，反之亦然。另外，仓储时间还受物品的自然属性的影响，超过物品自然属性所允许的储存时限，物品就会失去其使用价值。因此，仓储时间的合理性也至关重要，储存时间不能太长，并且一定要保证各个产品都能够正常流转，提高库存周转率和库容利用率。

③仓储结构。仓储结构是指不同规格、不同品种物品仓储量的比例关系。市场情况与物品规格、品种的选择，以及其结构变化都必须相符合。这就要求在确定合理仓储量的同时，必须考虑仓储结构的合理化。不应什么品种都往里面存，一定要选择那些符合市场需要、适销对路的品种，而且品种还要配套，使规格、花色、档次相适应，保证库存品种都能够在不太长的时间内销售出去，不会因为卖不出去而成为"死库存"。

④仓储网络。为了满足生产和生活消费的需要，必须设置若干个仓储网点，从而构成仓储网络。仓储网络的过多或过少，都会影响仓储的合理化。

⑤仓储条件。仓储条件不足或过剩都会影响仓储合理化。仓储条件不足，指的是

仓储条件不足以为被储存物提供良好的储存环境及必要的仓储管理措施，因此往往造成被储物的损失或整个储存工作的混乱，使储存后的工作受到损失。仓储条件不足主要反映在储存场所简陋，储存设施不足，维护保养及手段措施不力，不能保护被储物。仓储条件过剩，指的是仓储条件大大超过需要，从而使被储物过高负担储存成本，使被储物的实际劳动投入大大高于社会平均必要劳动量，从而出现亏损。

3) 仓储合理化的标志。仓储是否合理，换句话讲就是储存功能是否适度，具体表现在以下几方面：

- 仓储质量。保证被储存物的质量是完成储存功能的根本要求。在储存中增加了多少时间价值或是得到了多少利润，都是以保证质量为前提的。
- 仓储数量。考虑能源消耗、人力成本以及物流过程对仓储的要求，仓储系统的仓储数量应有一个合理的控制范围。仓储数量过大虽有利于增强保证供应、保证生产和保证消费的能力，但随着仓储数量的进一步增加，其边际效用逐步递减，而同时各种仓储成本和费用支出却大幅度增加。仓储数量减少虽有利于降低仓储成本，但必须有一个最低限度，否则会影响仓储各种功能的有效发挥。
- 储存时间。物品在仓储系统中的储存时间反映了物品的周转速度，储存时间延长虽有利于获得时间效用，但同时也会导致有形和无形的耗损、贬值、跌价等增加。对于绝大多数物品而言，储存时间不宜过长。在具体衡量时往往用周转速度指标来反映时间标志，如周转天数、周转次数等。在总时间一定的前提下，个别被储存物的储存时间也能反映合理程度，如果少量被储存物长期储存或成了呆滞物，虽反映不到宏观周转指标中去，但也标志着仓储存在不合理。
- 储存结构。储存结构是评判仓储系统在整个物流过程中的调整、缓冲能力的重要标志。它根据被储存物不同品种、不同规格、不同花色的储存数量的比例关系对储存合理性进行判断。被储存物在品种、规格、花色等方面若存在此长彼短或此多彼少的失调现象，则会严重影响仓储的合理化。尤其是相关性很强的各种物资之间的比例关系更能反映储存合理与否。由于这些物资之间相关性很强，所以只要有一种物资出现耗尽，即使其他种物资仍有一定数量，也会无法投入使用。
- 分布标志。指不同地区仓储的数量比例关系，以此判断当地需求比，以及对需求的保障程度，也可以此判断对整个物流的影响。
- 仓储费用。仓储合理化与否的评判，从经济的角度最终都要归结到仓储的成本和费用上来。通过对仓储投入产出比的分析，特别是对仓租费、维护费、保管费、损失费、资金占用利息支出等投入的分析，能从经济效益上判断仓储的合理与否。

4) 仓储合理化的原则。

- 快进。货物到达指定地点（车站、港口等）时，要以最快的速度完成货物的接运、验收和入库作业活动。
- 快出。货物出库时，要及时迅速地完成备料、复核和出库等作业活动。
- 多储。根据货物储存的实际需要，合理规划库存设施，最有效地利用储存面积和空间，提高单位面（容）积的储存量。
- 管好。根据货物的性质和储存要求，合理安排储存场所，采取科学的保管方法,保证货物的质量和数量。

- 损小。尽量避免和减少储存物品的自然损耗和因工作失误造成的人为损耗。
- 费省。在不影响仓储管理水平的前提下,减少投入,以最低的成本取得最好的经济效益。
- 安全。全力保证仓储设施设备、人员和货物的安全。

5) 仓储合理化的评价指标。

①资源利用程度方面的评价指标。

仓库面积利用率 =(仓库可利用面积/仓库建筑面积)×100%

仓容利用率 =(库存商品实际数量或容积/仓库应存数量或容积)×100%

设备完好率 =(期内设备完好台数/同期设备总台数)×100%

设备利用率 =(全部设备实际工作时数/同期设备日历工作时数)×100%

设备工作日利用率 =(计划期内设备实际工作天数
/计划期内设备计划工作天数)×100%

工时利用率 =(设备每日实际工作时间/设备每日计划工作时间)×100%

设备作业能力利用率 =(计划期内设备作业能力/计划期内设备技术能力)×100%

资金利用率 =[利润总额/(固定资金平均占用额 + 流动资金平均占用额)]×100%

全员劳动生产率 =(利润总额/同期平均全员人数)×100%

②服务水平方面的指标。

客户满意程度 =(满足客户要求数量/客户要求数量)×100%

缺货率 =(缺货次数/客户订货次数)×100%

准时交货率 =(准时交货次数/总交货次数)×100%

货损货差赔偿费率 =(货损货差赔偿费总额/同期业务收入总额)×100%

③能力与质量方面的指标。

计划期货物吞吐量 = 计划期货物总入库量 + 计划期货物总出库量 + 计划期货物直拨量

账货相符率 =(账货相符笔数/库存货物总笔数)×100%

商品缺损率 =(期内商品缺损量/期内库存商品总数)×100%

平均储存费用 =(每月储存费用总额/每月储存物资价值总额)×100%

(2) 进行合理的仓储操作

欲使仓储操作合理,本着仓储合理化的主要原则,应做好以下几方面的工作。

1) 仓库布局合理化。仓库系统的宏观布局,第一,需要确定设立仓库的数量,即仓库数量决策;第二,要确定各个仓库的规模,即仓库规模决策;第三,需要确定各个仓库分别选择什么样的类型,即仓库类型决策;第四,就是要确定布局的方式,即布局模式决策;第五,仓库具体地址的选择;第六,仓库内部规划与设计。

①仓库数量决策。仓库数量的确定需考虑市场需求因素、成本因素和服务水平因素三大因素。仓库要能够满足各个分市场的需要量。一般把企业的市场分成若干个地区市场,根据各个地区市场需求量的大小,考虑分别在各个地区市场中设置一个或几个仓库。成本包括仓储成本、存货成本、运输成本和丧失销售的成本。仓库

数量对物流系统各项成本都有重要的影响。一般而言，随着物流系统仓库数量的增加，运输成本和丧失销售的成本会减少，而存货成本和仓储成本将增加。各种成本的总和即总成本。一般仓库规模大一点，仓库数量就可以少一点，建设成本和物资处理成本就会低一点，仓库的规模效益可以明显降低物流成本。但是，不能仅仅考虑规模经济，还要考虑服务水平。一般而言，据点越少，顾客响应程度越不灵敏，服务水平越低；据点越多，顾客响应程度越灵敏，服务水平越高。要兼顾仓库规模与服务水平因素，进行适当折衷。

② 仓库规模决策。仓库规模是指仓库能够容纳货物的最大数量或总体积。直接影响仓库规模因素的是本地市场对仓库商品的需求量和需求速率。需求量越大，则仓库的规模也应越大。需求速率越大，说明出库速率越大，因而商品周转的速度也越快，从而仓库规模可以小一些。因此要综合考虑市场需求量和需求速率，确定仓库合适的规模。

③ 仓库类型决策。确定了仓库数量和规模以后，就要逐个确定各个仓库的类型。企业应选择哪种类型的仓库，是自用仓库还是租用仓库，主要考虑是在本地还是在外地、存货货品的种类性质如何、存货数量大还是小、存货时间长还是短，以及存货保管的特殊性和仓储成本等因素。

④ 仓库布局模式决策。仓库布局主要考虑仓库网点和它的客户群的位置关系，目的是方便客户、节省运输费用。仓库布局模式可以分为辐射型仓库、吸收型仓库、聚集型仓库和扇形仓库四种类型。辐射型仓库布局指仓库位于许多用户的一个居中位置，物品由仓库向各个方向用户运送，形如辐射状，适用于用户相对集中的经济区域。吸收型仓库布局指仓库位于许多用户的一个居中位置，货物从各个货主向此中心运送，形成吸收。这种仓库属于一种集货中心。聚集型仓库布局类似于吸收型仓库，但处于中心的不是仓库，而是一个客户聚集的经济区域，四周分散的是仓库，而不是货主和用户。这种仓库适用于经济区域中生产企业十分密集，不可能设置若干仓库的情况。扇形仓库布局指产品从仓库向一个方向运送，辐射方向和运输干线上的运动方向一致。这种仓库一般处于运输干线的末端，适宜于在运输主干线运输方向上区域范围内的客户的物资供应。选择哪种模式通常有三种思路：以市场定位的仓库、以制造定位的仓库和中间定位仓库。

小链接 5-4：仓库布局模式选择的三种思路

1) 以市场定位的仓库，就是仓库布置在靠近用户区，属于辐射型仓库布局。通常用来向周围客户提供物资供应。其服务的市场区域的地理面积大小取决于被要求进货的响应时间和单位运输成本。这类仓库一般是由零售商、制造商与批发商共同运作或者委托第三方物流公司单独运作。

2) 以制造定位的仓库，就是仓库布置在靠近商品生产区或多家生产厂，属于吸收型布局。它向产区或多家生产厂提供物资集中储存和外运服务，可以起到各个生产厂的成品库存的作用。每个企业可以不设成品库，也不需要自己亲自对外运输产品，产品生产出来以后就直接存放到集运仓库中，又由仓库向市场进行发运。

3) 中间定位仓库，即仓库既不靠近产区也不靠近用户区，而是布置在其间某个位置。这个"其间位置",通常是交通运输的中转枢纽位置。仓库布置在运输中转枢纽位置,实际上是一种"因势利导"。因为产品从产区到用户区,必须要经过这个中转点中转,在中转点进行卸货、暂存,再重新组配分别装运到各个用户区。

⑤仓库具体地址选择。仓库具体地址的选择要综合考虑一些因素,主要是微观因素,即局部市场条件、交通运输条件、政治经济条件、自然地理条件以及成本条件等。要考虑顾客需求量的大小,选择市场需求量大的位置建立仓库。不但要考虑现在的市场需求量,还要考虑未来的发展前景。未来的市场发展前景好,才能够保证仓库有持久的市场需求和经济效益。仓库是大量物资运输集散的场所,需要有很好的交通运输条件作为保证。需要有四通八达的交通网络,交通基础设施配套完好,运输方便,还要和大物流系统衔接配套。要具有法制健全、管理科学开明、社会稳定、人文素质好、经济发展、能源通信等基础条件。要地形地质条件好、水文气候条件好。这些条件为仓库建设以及将来的运作提供了保障。成本条件包括仓库设置成本和将来仓库的运行成本。设置成本,是仓库的建造成本或者租用仓库的成本。

⑥仓库内部规划与设计。在仓库系统网络和网点都确定以后,就要对每一个具体仓库的内部进行设计与建造。所谓仓库内部规划,是对仓库功能、总体以及仓库内部通道空间位置、配备设备以及设施等实物布局进行具体规划,其目的是充分利用存储空高存货的安全性,有效利用搬运设备,提高仓库运作效率和服务水平。

小链接5-5:仓库规划的内容

仓库规划可以分成仓库功能规划、仓库总体规划和仓库内部具体规划三部分内容。

仓库功能规划就是确定仓库的使命和主要功能。仓库的使命很简单,就是要满足当地市场的物资需求。但是,具体是一些什么样的物资需求,需要什么样的物流服务,都必须通过对具体市场的调查和预测而得到。

仓库总体规划是规划仓库的总体概貌,主要是指仓库的高度、楼层数、物品流程、搬运方式、堆码方式等。可分成三个方面的规划:库体规划(主要是关于仓库的高度、楼层数以及物品流程的规划,它体现了仓库库体最基本的特征和储存产品的基本运动形式)、搬运规划(主要是为了提高仓库的物品搬运效率,在搬运规划上要遵循两个基本原则,即移动连续性和移动规模经济性)和积载规划(应考虑产品特征,尤其是有关产品的流量、重量和积载因素。在确定仓库的积载计划时,主要关心的问题是产品流量)。

仓库内部具体规划就是要对仓库建筑物的具体结构参数以及仓库的内部设施设备进行详细具体的规划和设计。仓库建筑物的主要参数是指仓库建筑物的长宽比、高度、层数、面积、梁间距、容积、容许库容量、站台、库房门窗尺寸等。

小思考5-3

对销售量高的或吞吐量大的产品,最好安排在仓库的什么位置上?为什么?

2)仓储作业合理化。仓储管理的一个非常重要的内容就是仓储作业管理。包括仓储物资入库、在库、出库等管理。三个阶段互相衔接,共同实现仓库的所有功能。可以说,没有仓储作业,就没有仓库的一切。

①商品入库管理。商品入库的基本流程如图5-3所示。

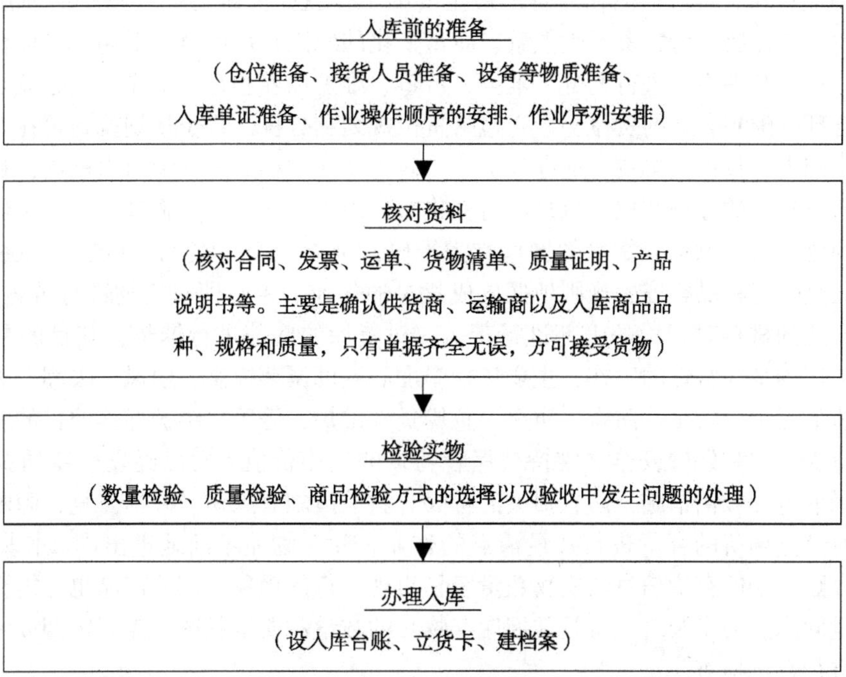

```
┌─────────────────────────────────────────────┐
│              入库前的准备                    │
│  （仓位准备、接货人员准备、设备等物质准备、  │
│  入库单证准备、作业操作顺序的安排、作业序列安排）│
└─────────────────────────────────────────────┘
                      ↓
┌─────────────────────────────────────────────┐
│               核对资料                       │
│  （核对合同、发票、运单、货物清单、质量证明、产品│
│  说明书等。主要是确认供货商、运输商以及入库商品品│
│  种、规格和质量，只有单据齐全无误，方可接受货物）│
└─────────────────────────────────────────────┘
                      ↓
┌─────────────────────────────────────────────┐
│               检验实物                       │
│  （数量检验、质量检验、商品检验方式的选择以及验收中发生问题的处理）│
└─────────────────────────────────────────────┘
                      ↓
┌─────────────────────────────────────────────┐
│               办理入库                       │
│       （设入库台账、立货卡、建档案）         │
└─────────────────────────────────────────────┘
```

图 5-3 商品入库的基本流程

小链接 5-6

入库台账，又叫物资保管台账，是按品种分页记录的物资品种入库、出库流水明细账。

入库货卡是一种类似明细账的卡片，挂在货垛或货架上，记录入库出库的流水记录，供保管员巡视清点时，方便地查看货品变动情况。

入库档案是物资与所有供应商、运输商有关的单据、凭证、质量说明书等的集合。建立了账卡档案，入库阶段结束。

小链接 5-7：商品入库验收中常发生的问题及其基本处理

1) 商品入库凭证不齐或不符时，仓库有权拒收或要求重办入库凭证，将所到商品另行堆放，暂作待验处理。

2) 当验收中发现商品质量不符合规定时，应立即会同交货单位或有关人员详细记录，将有问题商品单独存放，同时采取必要措施防止扩大损失，并迅速通知有关单位到现场查看，共同协商，及时处理。

3) 在数量检查中，计数商品一般不允许有短缺。对计重商品所发生的损益，凡在规定标准以内的，仓库可按实际数量验收入库；超过规定时，应会同交货人员记录，分清责任，及时处理。

4) 在验收中对有索赔期的商品，应及时检验，发现问题时必须按照规定的手续，在规定的期限内，向有关部门提出索赔要求。否则，责任部门对所形成的损失将不予受理。

②商品在库管理。商品在库管理最主要的工作就是要维持储存物资的使用价值不变。为此，首先要弄清物资产生数量、质量变化的原因，从而对症下药，采取合适的保管措施。在库管理主要进行配分、堆码、苫垫、维护保养和盘点工作。配分就是要把入库货物合理分配到合适的货位上。它包括货位规划和分拣。货位规划就是要在仓库整体规划的基础上，具体安排货物的存放货位。因为仓库中存放的货物出出进进，是动态变化的，所以货位的存满和取空也是随时变化的，因而每次新到货物都有一个货位选择和调整的问题。将货物堆成货垛的操作称为堆码，也称堆垛。GB/T 18354—2006 给出堆码的定义是：将物品整齐、规则地摆放成货垛的作业。苫垫即对货物进行苫盖、垫垛，是指用合适的材料对货垛的上部进行苫盖，对货垛的底部进行铺垫，其目的是保护货物。维护保养是经常性的工作，主要包括温度和湿度调节控制，通风、去潮、去湿、去污染、清洁卫生、防虫、防盗、防火、货垛货架维护，等等。维护保养的目的就是维持合适的保管条件和保管安全，维持被保管物资的使用价值。对已经发生变质损坏的物资，要采取各种救治措施，防止损失的扩大。救治措施有除锈、破损修复、晾晒等。盘点就是对储存场所的存货进行数量清点的作业。库存物品不断地进出库，长期积累下来，库存账、卡的存货信息与实物数量容易出现不符的现象，部分产品也可能会出现过期或质量问题。为了及时、有效掌握库存物品的数量和质量状况，需要定期或临时对库存物品进行盘点检查。

小链接 5-8：引起在库商品质量变化的主要因素

1）商品的内在因素，包括商品的物理性质、化学性质、化学成分、结构等因素。

2）外在环境因素，主要有自然因素和人为因素两类因素。

自然因素主要包括存储期间空气中的氧、大气中有害气体、日光、温度、湿度、微生物、尘土、仓虫和卫生条件等因素，会使货物产生物理变化（挥发、溶化、熔融存在状态的变化、渗漏变化、串味变化、破损变化以及变形）、化学变化（分解与水解、水化、锈蚀、老化、化合、聚合）或生物变化（霉变、发酵、腐败等），从而导致质量或数量的变化。

人为因素主要包括保管场所选择不合理、包装不合理、装卸搬运不合理、堆码苫垫不合理、违章作业等，产生碰撞、磨损、冲击、混合等情况，致使被储物品质量迅速发生变化。

小链接 5-9：在库商品在价值方面可能发生呆滞损失和时间价值损失

1）呆滞损失。储存的时间过长，虽然物资的使用价值并未变化，但社会需要发生了变化，从而使物资的效用降低，无法按原价值继续在社会上流通，形成了长期聚积在储存领域的呆滞物资。这些物资最终要进行降价处理或报废处理，所形成的损失为呆滞损失。

2）时间价值损失。物资储存实际也是货币储存的一种形式。储存时间越长，利息支付越多，资金的机会投资损失越大。这是储存时不可忽视的损失。

小链接 5-10：堆码的常用方式

1）散堆方式。是指将无包装的散货在仓库或露天货场上堆成货堆的存放方式。这种方式适用于散装的粮食、煤炭、矿石、硫黄等物品的存放，可以节约包装费用，便于利用连续输送机械进行散料的装卸、搬运，或利用物料自身的重力进行卸车等。

2) 垛堆方式。是指将有包装（如箱、桶）的货物或长、大件货物堆成货垛存放。垛堆方式可以提高仓容利用率，做到仓库内整齐，便于作业和保管，在库存管理中应用非常广泛。

3) 货架存放方式。是指利用货架存放货物，适合于小件货物或不宜堆高的货物。

4) 成组堆码方式。是指采用成组工具堆放货物。例如，利用托盘、货板、网格等将物品组成一组，然后堆叠存放，一般每垛3~4层。这种堆码方式可提高仓容利用率，同时也便于实现货物的安全搬运。

5) 重叠式。各层码放方式相同，上下对应，没有交叉。这种堆码方式简单、易操作，但稳定性较差，容易发生纵向分裂，适合于袋装、箱装、箩筐装物品，以及平板、薄片状物品的堆码。

6) 纵横交错式。相邻两层货物的摆放旋转90°，一层横向放置，另一层纵向放置。这种堆码方式各层之间搭接良好，货垛稳定性高，但操作较复杂。适用于管材、捆状、狭长箱装物资等的堆码。

7) 压缝式。一层横放、一层直放，两层横直交错的堆码方法，上层包装压在下层两箱缝上，特点是稳固，不易倒垛，但不易计算数量。

8) 仰伏相间式。对上下两面有大小差别或凹凸的物品，如槽钢、钢轨等，将物品仰放一层，反面伏放一层，仰伏相向相扣。

9) 栽柱式。是指在货垛的两旁各栽上2~3根木柱或钢棒，然后将材料平铺在柱中每层或隔几层在两侧相对应的柱子上用铁丝拉紧以防倒塌。

10) 衬垫式。是指在每层或每隔二层商品之间夹进衬垫物（如木板），利用衬垫物使货垛的横断面平整、商品互相牵制以加强货垛的稳固性。适用于不规则且较重的物品，如原包装电机、水泵等。

11) 通风式。是指对需要通风保管的货物，堆码时物品间都留有一定的空隙便于通风。

12) "五五"式。是指以五为基本计算单位，堆码成各种总数为五的倍数的货垛，以五或五的倍数在固定区域内堆放，使货物"五五成行、五五成方、五五成包、五五成堆、五五成层"，堆放整齐，上下垂直，过目知数。这种堆码方式便于对货物的数量控制、清点盘存。

小链接5-11：堆码的基本要求

堆码要遵循六个要求：合理、牢固、定量、整齐、节约、方便。

合理是指搬运活性合理、分垛合理、垛形合理、重量合理、间距合理、顺序合理。

牢固是指适当选择垛底面积、堆垛高度和垫衬材料，提高货垛的稳定性，保证堆码的牢固、安全、不偏不歪和货物不受损害。

定量是指在堆码时，每个货垛都应有固定的数量（例如，"五五式"堆垛），一般为整数，对称重货物不能取整数时，必须明确标出重量。定量堆码是为了便于盘点和检查。

整齐是指同类货物垛形要统一，货垛排列要整齐有序，货垛横成行、纵成列，形成良好的库容。货物包装上的标志一律朝外,便于日后查看和拣货。

节约是指避免重复作业,节约苫垫物品,减少消耗,节约场地,提高仓容利用率。

方便是指堆码方式要便于装卸搬运,便于收发保管,便于日常维护保养,便于检查点数,便于灭火消防,便于物品保管和安全。

小链接 5 – 12:堆码的"五距"要求

"五距"是指顶距、灯距、墙距、柱距和堆距。顶距是指货堆的顶部与仓库屋顶平面之间的距离。留顶距主要是为了通风。平顶楼房,顶距应在50cm以上为宜。灯距是指在仓库里的照明灯与物品之间的距离。留灯距主要是防止火灾,物品与灯的距离一般不应少于50cm。墙距是指货垛与墙的距离。留墙距主要是防止渗水,便于通风散潮。柱距是指货垛与屋柱之间的距离,留柱距是为了防止受潮和保护柱脚,一般留10~20cm。堆距是指货垛与货垛之间的距离。留堆距是为便于通风和检查物品,一般留10cm即可。

小链接 5 – 13:货垛的苫盖方式及要求

货垛苫盖方法主要有:就垛苫盖法、鱼鳞式苫盖法、活动棚架苫盖法。

就垛苫盖法是指直接将大面积苫盖材料覆盖在货垛上遮盖。就垛苫盖法适用于屋脊垛和大件包装商品的苫盖,一般采用大面积的帆布、油布、塑料膜等。就垛苫盖法操作便利,但通风不好,适用于对通风要求不高的物品,同时要注意地面干燥。

鱼鳞式苫盖法是将苫盖材料自货垛的底部逐渐向上围盖,苫盖材料之间呈鱼鳞式逐层交叠。该法一般采用面积较小的席、瓦等做苫盖材料。鱼鳞式苫盖法具有较好的通风条件,但每件苫盖材料都需要固定,操作比较烦琐复杂。

活动棚架苫盖法是将苫盖物预制成一定形状的棚架,在棚架腿上装有滑轮便于灵活移动,在货物堆垛完毕后,将活动棚架移到货垛处遮盖货垛。活动棚架苫盖法较为快捷,具用良好的道风条件,但活动棚本身需要占用仓库位置,也需要较高的购置成本。

在进行货垛苫盖时,需要注意以下要求。

苫盖材料要合适。常用的苫盖材料有:帆布、芦席、竹席、塑料膜、铁皮铁瓦、玻璃瓦、塑料瓦等。选择苫盖材料要考虑是否符合防火要求,是否对货物有不利影响,是否无毒无害,此外,需考虑成本是否低廉,是否不宜损坏,是否能重复使用等。

苫盖要牢固。特别是露天货场存放物品的苫盖,每张苫盖材料都要牢固固定,必要时在苫盖物外用绳索、绳网绑扎或者采用重物镇压,确保苫盖材料不会被风揭开。

苫盖接口要紧密。苫盖材料的接口要有一定深度的互相叠盖,不能迎风叠口或留空隙,苫盖材料必须拉挺、平整,不得有折叠和凹陷,以防止积水。

苫盖要整齐。苫盖材料的底部应与垫垛平齐;苫盖材料不腾空或拖地,并牢固地绑扎在垫垛外侧或地面的绳桩上,衬垫材料不露出垛外,以防雨水顺延渗入垛内。

小链接 5 – 14:货垛的垫垛要求

常用的衬垫物有:枕木、废钢轨、货板架、木板、石墩、防潮纸等。垫垛的基本要求包括:所使用的衬垫物与拟存货物不会发生不良影响,具有足够的抗压强度;地面要平整坚实、衬垫物要摆平放正,并保持同一方向;衬垫物间距适当,直接接触货物的衬垫面积与货垛底面积相同，衬垫物不应伸出货垛外；衬垫物要有足够的高度，露天堆场要达到0.3~0.5m，库房内0.2m即可；露天货场的地面一定要铺平夯实，以免堆码后地面下沉造成货垛倾斜倒塌。

小链接5-15：*盘点的内容*

在做库存盘点时，不但要盘点库存品数量，还要检查库存品的存期、质量等状况。

1) 查存货数量。通过点数和计数，查清库存物品的实际数量，核对库存账目与实际数量是否相符。

2) 查收发货问题。通过检查进出库物品的实际存货数量，与库存账目应存货数量核对，及时发现收发货是否有错误。

3) 查存货质量。通过盘点，检查库存物品的质量是否有变化，核对库存期与保质期，及时发现是否有超储积压情况，及时处理变质商品。

4) 查保管条件。通过盘点，检查库存物品的现有保管条件是否符合要求，比如温度、湿度、灰尘、卫生、虫害防治等状况。

5) 查安全情况。通过盘点，检查存储场所的安全和消防设备，是否处于正常状态，比如灭火器、摄像头、窗户、门锁等。

小链接5-16：*盘点的方法和形式*

1) 盘点的方法。根据盘点的时间周期和频率，可将存储物品的盘点方法分为：全盘、循环盘、不动不盘、交接盘和抽样盘。

全盘又叫期末盘点，是指在规定的期末清点所有存货物品数量的方法。通常以年、季、月为盘点周期，形成月度盘、季度盘、年度盘。全面盘点工作量大，盘点期间会影响仓库工作，一般是为了满足财务要求而进行的盘点。

循环盘是将物品逐区、逐类、分批、分期、分库连续盘点，或者在某类物资达到最低存量时，加以盘点。循环盘点适用于不能停止出入库运作的仓库盘点。

不动不盘是指只在发生了出入库动作后，进行盘点。不动不盘适用于仓库的日常盘点，是应用得最多的一种盘点方式。

交接盘是指在交接班时进行的盘点，适用于零售业、贵重物品的盘点。

抽样盘是指库存如果有多个品种，取其中几种物品进行盘点。

2) 盘点的形式。根据盘点的仔细程度，可将盘点的形式分为：盲盘、实盘和复合盘。

盲盘是指打印一个空白盘点表，盘点人员必须仔细查验库存物品，填好盘点表内所有信息。

实盘是指将库存物品所有数据打印出来，盘点人员只需到现场去清点和核对相关信息的准确性，若发现差异则注明，留待修订。

复合盘是盲盘和实盘两种形式的混合使用，打一份物品清单，但不写数量，盘点人员需到现场清点数量，将数量填在清单中。

小思考5-4

商品在堆码前应注意哪些事项？

小思考 5-5

为确保商品质量安全,请为以下欲堆码商品选择适宜的货位。

1) 怕潮又易霉、易锈的商品,如布鞋、棉布、茶叶、卷烟、五金等。
2) 怕光、怕热、易溶的商品,如橡胶制品、有色纸、油脂、油墨、糖果等。
3) 怕冻的商品,如瓶装的墨水、西药的制剂、某些化妆品等流汁商品。
4) 易燃、易爆、有毒、腐蚀性、放射性等危险品商品,如酒精、苯、树脂胶、硫酸、发令纸、火柴等。
5) 性能互相抵触和有挥发性、串味的商品,如日用肥皂与纸张、茶叶、卷烟、胶木制品、油脂化妆品等商品。
6) 消防灭火方法不同的商品。
7) 有虫害感染可能的商品,如草制品包装商品。

小思考 5-6

仓储保管保养的"6防"指的是什么?

小思考 5-7

你认为为库存茶叶应采取怎样的保管保养措施?

小思考 5-8

你认为库存啤酒应采取怎样的质量控制措施?

③商品出库管理。商品出库作业流程如图 5-4 所示。

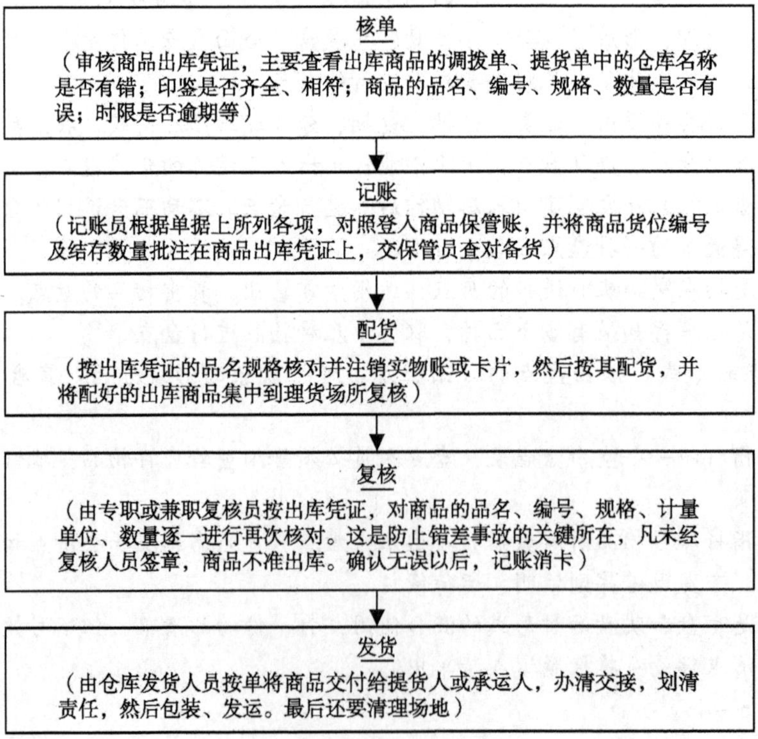

```
┌─────────────────────────────────────┐
│              核单                    │
│ (审核商品出库凭证,主要查看出库商品的  │
│  调拨单、提货单中的仓库名称是否有错;  │
│  印鉴是否齐全、相符;商品的品名、编号、│
│  规格、数量是否有误;时限是否逾期等)  │
└─────────────────────────────────────┘
                  ↓
┌─────────────────────────────────────┐
│              记账                    │
│ (记账员根据单据上所列各项,对照登入   │
│  商品保管账,并将商品货位编号及结存   │
│  数量批注在商品出库凭证上,交保管员   │
│  查对备货)                           │
└─────────────────────────────────────┘
                  ↓
┌─────────────────────────────────────┐
│              配货                    │
│ (按出库凭证的品名规格核对并注销实物账 │
│  或卡片,然后按其配货,并将配好的出库 │
│  商品集中到理货场所复核)             │
└─────────────────────────────────────┘
                  ↓
┌─────────────────────────────────────┐
│              复核                    │
│ (由专职或兼职复核员按出库凭证,对商品 │
│  的品名、编号、规格、计量单位、数量逐 │
│  一进行再次核对。这是防止错差事故的   │
│  关键所在,凡未经复核人员签章,商品不 │
│  准出库。确认无误以后,记账消卡)     │
└─────────────────────────────────────┘
                  ↓
┌─────────────────────────────────────┐
│              发货                    │
│ (由仓库发货人员按单将商品交付给提货人 │
│  或承运人,办清交接,划清责任,然后包 │
│  装、发运。最后还要清理场地)         │
└─────────────────────────────────────┘
```

图 5-4 商品出库作业流程

小链接 5-17：商品出库的基本要求

商品出库要做到"三不""三核"和"五检查"，如图 5-5 所示。

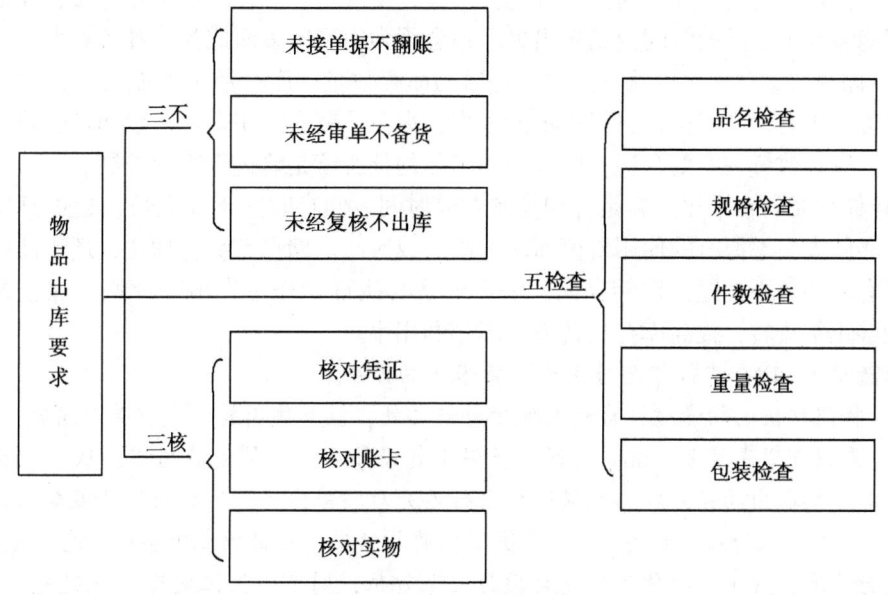

图 5-5　商品出库的基本要求

小链接 5-18：商品出库方式

送货与自提是两种基本的发货方式。此外，还有取样、移仓、过户等。送货制是存货方（或销售方）预先给仓库送来发货凭证，仓库按凭证备货，做好待运准备，然后运输部门持托运单到仓库提货。提货制是购货方持发货凭证自带运输工具到仓库提货。

3）储存条件合理化。主要通过表 5-9 中的手段使储存条件合理化。

表 5-9　储存条件合理化的手段

手段	采用计算机仓储管理系统	实行 ABC 分类管理	采用有效的监测清点方式	采用现代储存保养技术	采用集装单元化技术
含义	计算机管理可以实现各个品种迅速有效的进销存数量管理、有效的储存定位管理，能节省寻找、存放、取出的时间，节省不少物化劳动，而且能防止差错，减少空位的准备量，提高储存系统的利用率。尤其对于存储品种多、数量大的大型仓库而言，已经成了必不可少的手段	就是将库存物资按重要程度分为 A（特别重要的库存）、B（一般重要的库存）和 C（不重要的库存）三个等级，然后针对不同的级别分别进行管理和控制	监测清点的有效方法主要有①"五五式"堆码；②光电识别系统；③电子计算机监控系统	例如，采用自动存取技术、自动识别技术、自动分拣技术和计算机管理控制技术等	集装单元化技术，即采用集装箱、集装袋、托盘等集装单元进行一体化运储装备的技术。这种技术通过物流活动的系统管理，使储存、运输、包装、装卸实现了一体化，不但使储存实现合理化，更重要的是促使整个物流系统的合理化

4）储存品种结构合理化。储存品种结构合理化，就是要有一个合理的库存品种结构。有了好的储存场所和储存条件，不应什么品种都往里面存，一定要选择那些符合市场需要、适销对路的品种，而且品种还要配套，使规格、花色、档次相适应，保证库存品种都能够在不太长的时间内销售出去，不会因为卖不出去而成为"死库存"。

5）储存数量合理化。就是要控制合适的库存数量。库存数量不能太少，太少了会造成缺货，影响生产或销售；但也不能太多，太多了就会占用资金，增加保管费用和库存风险。库存数量一定要合适。库存管理工作的核心就是要进行库存控制。

6）储存时间合理化。就是合理控制存储时间。储存时间不能太长，超过额定储存期，产品就失去了原有的使用价值而成为废品或次品。储存数量合理化，还不能够完全保证所有品种都不超过额定储存期，一定要认真执行"先进先出"原则，保证各个产品都能够正常流转，提高库存周转率和库容利用率。

小链接 5-19：实行"先进先出"常采用的办法

1）将周转快的物资随机存放在便于存储之处，以加快周转，减少劳动消耗。

2）采用贯通式货架系统。贯通式货架指货架每层采用贯通的通道，从一端存入物品，从另一端取出物品，物品在通道中自行按先后顺序出库，不会出现遗漏越位。

3）采用"双仓法"储存。"双仓法"储存指给每种被储物都准备两个仓位或货位，轮换进行存取，规定一个货位用完再用另一个货位，则可以保证实现"先进先出"。这种方法在管理上比较简单，适合于资金占用量不大、经常使用而又无须进行重点管理的物资。

小思考 5-9

1）有学生在参观或实习时，看到仓库进货验收只点数量而不查质量。请问这是什么原因产生的？请你从验收流程学习过程来分析可以缩短验收流程内涵？

2）我们常说要有出库单、提单等，而且一式多份，但为什么电子商务比较发达的企业，看到的这种单据很少，他们凭什么发货的？

3）出库时，不小心发错了货（如规格不对、多发、少发）该如何处理？自认倒霉吗？

4）仓库发货一切程序都正确，可客户要求退货，该如何处理？他们能直接到仓库中办理退货吗？请问要客户退货的正确程序是什么？

5）仓库某装卸搬运工在装卸搬运时损坏了货物，为了不被惩罚，他把已损坏货物藏匿到正常货物中，然后利用发货的机会，把相关损坏的货物一起发了出去，当时没被客户发现。可客户后来在交货给其他客户时被发现，要求退货，请问：①此装卸搬运工的行为对不对？②该如何处理该事件？③如何为客户与仓库办理相关的手续。

小链接 5-20：WMS 中物品入库流程（见图 5-6）

小链接 5-21：WMS 中物品出库流程（见图 5-7）

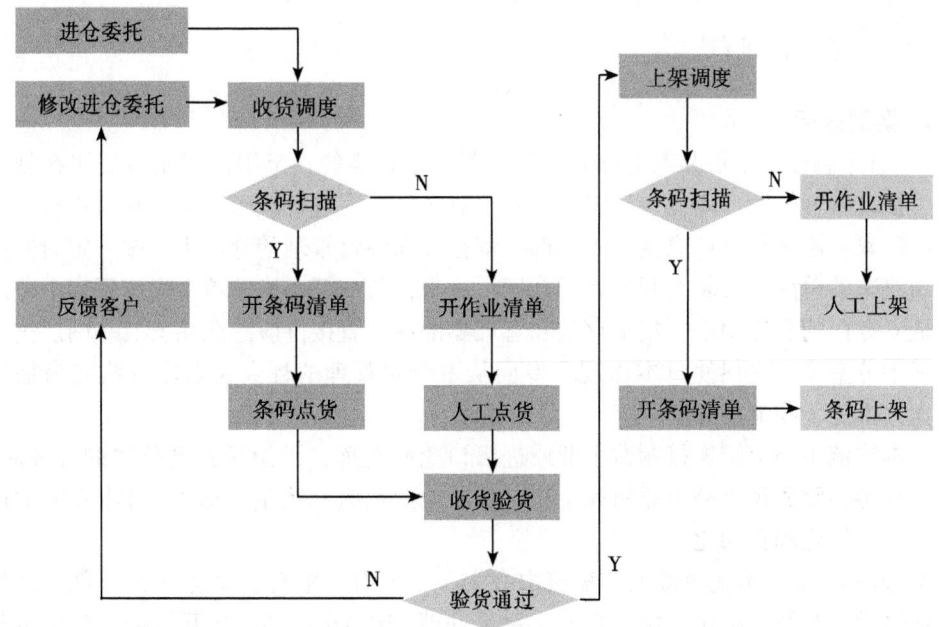

图 5-6 WMS 中物品入库流程

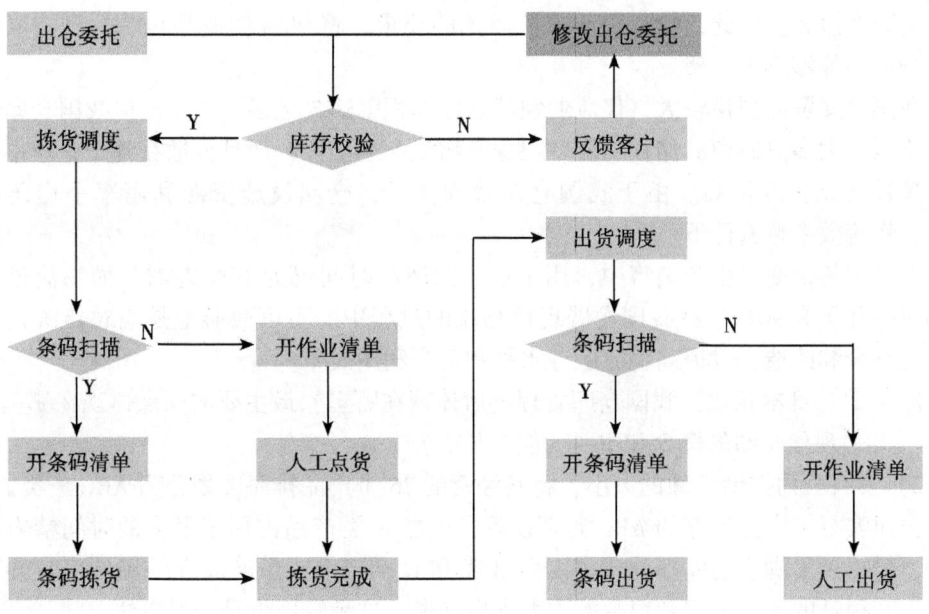

图 5-7 WMS 中物品出库流程

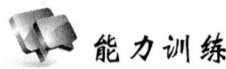 能力训练

1. 案例分析

1）日本物流的发展是与仓储管理的变革紧密相连的。丰田汽车制造公司在创业初期，为提高管理效率、降低生产成本，着手对仓储管理进行改革。丰田在日本有许多联合生产厂家，原来每个厂家生产的零部件都存放在各自管理的仓库中，按一定时间运送到丰田汽车的总成品安装车间所属的仓库。后来，公司把仓库从单个生产厂家中分离出来，成立专门的仓储中心，集中存放和管理零部件，直接供应总成品安装车间。这一变革意义十分重大，它促使日本出现了专门从事仓储管理的社会化仓库并演变为物流中心，大大推进了物流的发展。

日本物流中心上游连接制造企业或进出口免税仓库，下游延伸到分散的各种店铺，日本物流协会常务理事稻束原树先生将它形象地比喻为"人的心脏"。日本仓库的设计一般强调立体化和自动化。

Aotobacks 是日本规模最大的物流中心之一，拥有一整套自动化库存管理、高效率分拣传输设备和及时配送的物流系统，每天处理 250 个店铺近 10 万份物流配送服务订单。物流中心连老板加在一起不到 100 人，通常这样的物流系统在发达国家至少需要 400 人。Aotobacks 的一个重要服务理念，就是尽可能减少店铺工作量，让店铺更加专注地为顾客服务。因此，物流中心按照店铺的要求，将 90% 的商品包装拆开，以保证货物到店后能够迅速上架。

我国仓库资源规模较大，仅流通领域仓库面积就达 3 亿多平方米。但我国仓库普遍功能不强，大多只有商品储存功能，很少有物流配送功能，而且分散在各个企业中，仓储管理社会化程度不高。由于我国仓储管理落后，仓储设施资源利用率平均还不到 40%，物流效率普遍低下。

在我国整个商品生产销售中，用于加工制造的时间仅为 10% 左右，而物流过程占用的时间几乎为 90%。在我国发展现代物流的过程中，不可回避地是应对传统仓储企业进行整合和改造，以提高物流服务水平和资产利用效率。

问：①与日本相比，我国仓库管理落后体现在哪里？最主要的弱点体现在哪里？
②现代仓储的概念和主要功能是什么？

2）安科公司按销售额的大小，将其经营的 26 个产品排序，划分为 ABC 三类。

公司实行了产品库存的 ABC 管理以后，虽然 A 类产品占用了最多的时间精力进行管理，但得到了满意的库存周转率。而 B 类和 C 类产品，虽然库存的周转率较慢，但相对于其很低的资金占用和很少的人力支出来说，这种管理也是个好方法。

在对产品进行 ABC 分类以后，该公司又对其客户按照购买量进行了分类。

从上述材料分析：
①安科公司将产品分为哪几类进行管理？
②ABC 这种分类方式的优点是什么？
③安科公司怎样对 A、B、C 三类产品进行库存控制？

④ 安科公司如何利用客户的 ABC 分类管理提高库存周转率？
⑤ 安科公司如何利用客户的 ABC 分类管理提高客户的服务水平？

2. 模拟操作

1）完成开篇布置的任务。

2）库存保管实训：某保管员保管着下列 10 种商品，由于业务不熟顾此失彼。详细资料如表 5-10 所示。如果用 ABC 库存管理法，保管员应重点管理哪些商品？

表 5-10　库存保管的商品

商品编号	单价/元	平均保管量/元
1	0.15	2600
2	0.05	6500
3	0.1	2200
4	0.22	75000
5	0.08	110000
6	0.16	175000
7	0.03	8500
8	0.12	2500
9	0.18	42000
10	0.05	2000

3）专门存储润滑油的某物流中心，润滑油分为易燃品、清洗剂和普通油品。有一次中心进了一批易燃品，入库验收时已发现有 2 小桶的桶底部有小孔隙，其余的都合格。请你帮助该库进行货物的储存。主要回答下列问题：①易燃品的储存条件和要求是什么？②包装已破损的货物该如何处置？

任务六　流通加工管理

 任务布置

某家具公司地处南京,其生产的最重要原材料木材来自东北。以前企业是用铁路将整根木材运过来,这种模式导致运输空间利用率不高,运输成本较高,产品加工成本也高。现该公司意欲通过流通加工的方式来降低运费、降低产品成本。如何合理安排流通加工?

 问题设置

1. 什么是流通加工?它与生产加工有什么不同?它也是在生产车间进行吗?
2. 有了生产加工为什么还要进行流通加工?流通加工有什么作用?流通加工在行业中处于什么地位?
3. 怎样操作流通加工才算合理?

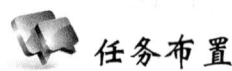 问题解答

1. 什么是流通加工?它与生产加工有什么不同?它也是在生产车间进行吗?

(1) 什么是流通加工?

中华人民共和国国家标准《物流术语》(GB/T 18354—2006)对流通加工(Distribution Processing)的定义是:物品在从生产地到使用地的过程中,根据需要施加包装、分割、计量、分拣、刷标志、拴标签、组装等简单作业的总称。

小思考 6-1

下列属于流通加工的是:

1) 某工厂采购布匹、纽扣等生产资料,加工成时装并在市场上销售。
2) 某运输公司在冷藏车皮中保存水果,使之在运到目的地时新鲜。
3) 某批发商在运输玻璃杯的过程中,为杯子加上防振外包装,以避免其碎裂。
4) 超市理货员对肉类进行分割、包装、贴标签的工作。
5) 配送中心对大包装食糖进行分级、小包装工作。

(2) 流通加工与生产加工有什么不同?

通常说到的加工是指生产加工。而流通加工与生产加工是不同的,两者的区别可以从表 6-1 中大概看出。

表6-1 流通加工与生产加工的特点比较

名称项目	流通加工	生产加工
加工对象	进入流通过程的商品,具有商品的属性	原材料、零配件、半成品
加工难度	简单加工,是对生产加工的一种辅助及补充	相对复杂的加工,技术要求高
加工价值贡献	完善货物的使用价值,在不做大改变情况下提高价值	创造新的使用价值和价值
加工目的	服务消费、服务物流	交换、消费
加工的组织者	从事流通工作的人,能密切结合流通的需要进行这种加工活动	从事生产工作的人

小思考6-2

比较以下两个过程的不同。过程一：由羊毛变成毛线,再变成一件毛衣的过程。过程二：一件毛衣从工厂进入服装店,经过开箱、取货、悬挂价格标签,到上衣架的过程。

小思考6-3

流通加工这一活动有什么特点？

小链接6-1 几种典型商品的流通加工

1) 消费资料的流通加工。

①食品的流通加工：鱼肉的冷冻；鲜奶的冷藏；牛奶的灭菌；冷冻鱼肉的研磨；大米的自动包装；蔬菜的洗净；酒类的配制、装瓶、贴标签、包装等。

②生活日用品的流通加工：衣料品的标识和印记商标；棉花、谷物、果类的分选；粘贴价标；家具的组装；地毯的剪切；书籍的分装、贴标、包装等。

2) 几种重要生产资料的流通加工。

①钢材的流通加工。经过流通加工的钢材数量在工业发达国家所占的百分比较高。例如,日本有35%左右的钢材是经过流通加工再配送给各个用户的。钢材的流通加工方式以剪板、切割、轧钢、打孔、冷拉、集中下料等为最多。

②水泥的流通加工。目前实行以下三种加工方式：第一,将大批量、长途、散装输送来的水泥转换为纸袋包装或小规模的散装；第二,将出厂的熟料运到使用地区分散磨制成水泥；第三,将水泥与砂石一起加工搅拌成各种标号及特性的生混凝土作为商品出售。

③木材的流通加工。基本上有两种方式：一种是将木材磨制成碎屑,制成造纸原料,然后进行配送或输送；另一种是将木材加工成各种规格甚至加工成成品,如将原木加工成板材、方材、胶合板等。

④燃料的流通加工。对燃料进行流通加工的目的,主要是便于输送。例如,将碳磨成粉再用水调和成泥浆状,然后用管道输送；将天然气加压液化,然后装罐输送等。

另外还有玻璃的套裁、煤炭矿石的除矸等。

(3) 流通加工也是在生产车间进行吗？

流通加工不在生产车间进行,其进行的场所主要有：加工中心、输送中心（配送中心、物流中心、车站码头等）、销售网点、仓库、其他向客户交货处等。

2. 有了生产加工为什么还要进行流通加工？流通加工有什么作用？流通加工在行业中处于什么地位？

（1）有了生产加工为什么还要进行流通加工？

流通加工的产生有其必然原因。

1) 流通加工的出现与现代生产方式有关。现代生产发展趋势之一就是生产规模大型化、专业化，依靠单品种、大批量的生产方法降低生产成本获取规模经济效益，这样就出现了生产相对集中的趋势。这种规模的大型化、生产的专业化程度越高，生产相对集中的程度也就越高。生产的集中化进一步引起产需之间的分离，产需分离的表现首先被人们认识到的是空间、时间及人的分离，即生产及消费不在同一个地点，而是有一定的空间距离；生产及消费在时间上不能同步，而是存在着一定的"时间差"；生产者及消费者不是处于一个封闭的圈内，某些人生产的产品供给成千上万人消费，而某些人消费的产品又来自其他许多生产者。弥补上述分离的手段则是运输、储存及交换。近年来，人们进一步认识到，现代生产引起的产需分离并不局限于上述三个方面，这种分离是深刻而广泛的。第四种重大的分离就是生产及需求在产品功能上分离。尽管"用户第一"等口号成了许多生产者的主导思想，但是，生产毕竟有生产的规律，尤其在强调大生产的工业化社会，大生产的特点之一就是"少品种、大批量、专业化"，产品的功能（规格、品种、性能）往往不能和消费需要密切衔接。弥补这一分离的办法就是流通加工。所以，流通加工的诞生实际是现代生产发展的一种必然结果。

2) 流通加工不仅是大工业的产物，也是网络经济时代服务社会的产物。流通加工的出现与现代社会消费的个性化有关。消费的个性化和产品的标准化之间存在着一定的矛盾，使本来就存在的产需第四种形式的分离变得更加严重。本来，弥补第四种分离可以采取增加一道生产工序或消费单位加工改制的方法，但在个性化问题十分突出之后，采取上述弥补措施将会使生产及生产管理的复杂性及难度增加，按个性化生产的产品难以组织高效率、大批量的流通。所以，在出现了消费个性化的新形势及新观念之后，就为流通加工开辟了道路。

3) 流通加工的出现还与人们对流通作用的观念转变有关。在社会再生产全过程中，生产过程是典型的加工制造过程，是形成产品价值及使用价值的主要过程。再生产型的消费究其本质也和生产过程一样，通过加工制造消费了某些初级产品而生产出深加工产品。历史上，在生产不太复杂、生产规模不大时，所有的加工制造几乎全部集中于生产及再生产过程中，而流通过程只是实现商品价值及使用价值的转移而已。在社会生产向大规模生产、专业化生产转变之后，社会生产越来越复杂，生产的标准化和消费的个性化出现，生产过程中的加工制造常常满足不了消费的要求。而由于流通的复杂化，生产过程中的加工制造也常常不能满足流通的要求。于是，加工活动开始部分地由生产及再生产过程向流通过程转移，在流通过程中形成了某些加工活动，这就是流通加工。流通加工的出现使流通过程明显地具有了某种"生产性"，改变了长期以来形成的"价值及使用价值转移"的旧观念，这就从理论上明确了：流通过程从价值观念来看是可以主动创造价值及使用价值的，而不单是被动地"保持"和"转移"的过程。因此，人们必须研究流通过程中孕育着多少创造价值的潜在能力，这就有可能通过努力在流通过程中进一步提高商品的价值和使用价值,同时,却以很少的代价实现这一目标。这样,就引起了流通过程从观念到方法的巨大变化,流通加工则适应这种变化而诞生。

4) 效益观念的树立也是促使流通加工形式得以发展的重要原因。20 世纪 60 年代后,效益问题逐渐引起人们的重视。过去人们盲目追求高技术,引起了燃料、材料投入的大幅度上升,结果新技术、新设备虽然采用了,但往往是得不偿失。20 世纪 70 年代初,第一次石油危机的发生证实了效益的重要性,使人们牢牢树立了效益观念,流通加工可以以少量的投入获得很大的效果,是一种高效益的加工方式,自然获得了很大的发展。所以,流通加工从技术上来讲,可能不需要采用什么先进技术,但这种方式是现代观念的反映,在现代的社会再生产过程中起着重要作用。

(2) 流通加工有什么作用?

概括说,流通加工主要有以下作用。

1) 提高原材料利用率。用流通加工环节将生产厂直接运来的简单规格产品,按使用部门的要求进行集中下料。例如,将钢板进行剪板、切裁,将钢筋或圆钢裁制成毛坯,将木材加工成各种长度及大小的板等。集中下料可以优材优用、小材大用、合理套裁,有很好的技术经济效果。

2) 提高加工效率及设备利用率,集中与规模优势。由于建立集中加工点,可以用效率高、技术先进、加工量大的专门机具和设备。

3) 方便用户。用量小或临时需要的使用单位,缺乏进行高效率初级加工的能力,依靠流通加工可为使用单位省去初级加工的投资、设备及人力,从而搞活供应,方便用户。目前发展较快的初级加工有:将水泥加工成混凝土、将原木或板方材加工成门窗、冷拉钢筋及冲制异型零件、钢板预处理、整形、打孔等。

4) 充分发挥各种输送手段的最高效率。流通加工环节将实物的流通分成两个阶段。一般说来由于流通加工环节设在消费地,因此,从生产厂到流通加工点第一阶段输送距离长,而从流通加工点到消费环节的第二阶段距离短。第一阶段是在数量有限的生产厂与流通加工点之间进行定点、直达、大批量的远距离输送,因此,可以采用船舶、火车等大量输送的手段。第二阶段是利用汽车和其他小型车辆来输送经过流通加工后的多规格、小批量、多用户的产品。这样可以充分发挥各种输送手段的最高效率,加快输送速度、节省运力、运费。

5) 改变功能,提高收益。在流通过程中进行一些改变产品某些功能的简单加工,其目的除上述几点外还在于提高产品销售的经济效益。例如,许多制成品(如洋娃娃、时装、轻工纺织产品、工艺美术品等)进行简单的包装装潢加工,改变了产品外观,仅此一项就可使产品售价提高 20% 以上。所以,在物流领域中,流通加工可以成为高附加价值的活动。这种高附加价值的形成,主要是满足用户的需要、提高服务功能而取得的,是贯彻物流战略思想的表现,是一种低投入、高产出的加工形式。

小思考 6-4

工厂生产的玻璃是大块的,教室窗户的玻璃是小块的。为了节约、降低运输成本,该如何进行物流运作?

小思考 6-5

鲜鱼的装卸、储存操作困难，该怎么办？过大设备的装卸、储存操作困难，该怎么办？气体的装卸、运输操作困难，该怎么办？这都是在做流通加工吗？

小思考 6-6

流通加工在物流过程中并不总是必需的，但在一些特定的场景下却是不可缺少的，或不宜缺少的。那么，在哪些场景下它是不可缺少的，或不宜缺少的？

(3) 流通加工在行业中处于什么地位？

1) 流通加工能有效地完善物流。流通加工不是所有物流中必然出现的环节，但它也是不可轻视的。它起着补充、完善、提高物流效应的作用，同样具有无法替代的地位，是提高物流水平、加快物流效率、促进流通向现代化发展的必不可少的形态。

2) 流通加工是物流的重要利润源。流通加工是一种低投入高产出的加工方式，往往以简单加工解决大问题。实践证明，有的流通加工通过改变装潢、改善包装等形式使商品档次跃升而充分实现其价值，有的流通加工将产品利用率一下子提高 20%~50%，这是采取一般方法提高生产率所难以企及的。根据我国近些年的实践，流通加工单就向流通企业提供利润一点，其成效并不亚于从运输和储存中挖掘的利润，是物流中的重要利润源。

3) 流通加工在国民经济中也是重要的加工形式。在整个国民经济的组织和运行方面，流通加工是其中一种重要的加工形态，对推动国民经济的发展和完善国民经济的产业结构和生产分工有一定的意义。

3. 怎样操作流通加工才算合理？

(1) 正确认识流通加工合理化

流通加工合理化是指实现在库物品物流加工的最优配置，即要考虑场地、设施设备条件、物品的加工技术要求、客户需求，以及能否节约资源、能否提高产品的附加值，最后作出最满意的选择。

如果只是追求企业的微观效益，不适当地进行加工，甚至与生产企业争利，这就有违于流通加工的初衷，或者其本身已不属于流通加工范畴了。

(2) 流通加工不合理的主要表现

1) 流通加工地点设置不合理。流通加工地点设置即布局状况是关系到整个流通加工能否有效的重要因素。一般而言，为衔接单品种大批量生产与多样化需求的流通加工，加工地设置在需求地区，才能实现大批量的干线运输与多品种末端配送的物流优势。为方便物流的流通加工环节应设在产出地。否则是不合理的。

即使产地或需求地设置流通加工的选择是正确的，还存在一个在小地域范围的正确选址问题，如果处理不善，仍然会出现不合理现象。这种不合理主要表现在交通不便、流通加工与生产企业或用户之间距离较远、流通加工点的投资过高（如受选址的地价影响）、加工点周围的社会和自然环境不好等。

2) 流通加工方式选择不当。流通加工方式包括流通加工对象、流通加工工艺、流通加工技术、流通加工程度等。加工方式的正确选择实际上是指与生产加工的合理分工。本来应由生产加工完成的却由流通加工完成、本来应由流通加工完成的却由生产加工过程去完成，这都会造成不合理性。

3）流通加工作用不大，形成多余环节。有的流通加工过于简单，或对生产及用户作用都不大，甚至存在盲目性，同样不能解决品种、规格、质量、包装等问题，这也是流通加工不合理的一种形式。

4）流通加工成本过高，效益不好。流通加工之所以能够有生命力，重要优势之一是有较大的投入产出比，因而有效地起到补充完善的作用。如果流通加工成本过高，则不能实现以较低投入实现更高回报的目的。除了一些必需的、从政策要求即使亏损也应进行的加工外，其他都应看成是不合理的。

小思考6-7
将流通加工地设在生产区不合理之处在哪里？

小思考6-8
1）为衔接单品种大批量生产与多样化需求的流通加工，加工地应设置在哪里，才能实现大批量干线运输与多品种末端配送的物流优势？
2）为方便物流的流通加工环节应设在哪里为好？

小思考6-9
流通加工不是对生产加工的代替，而是一种补充和完善。所以，一般而言，如果工艺复杂、技术装备要求较高，或加工可以由生产过程延续或轻易解决者都不宜再设置流通加工。
上述表述对吗？

（3）流通加工合理化途径

流通加工合理化必须考虑是否设置流通加工环节、在什么地方设置、选择什么类型的加工、采用什么样的技术设备等。具体讲，欲使流通加工合理，应从以下几方面考虑。

1）加工和目的相对应。不同的加工目的应采用不同的加工类型和加工方法（见表6-2和表6-3）。

表6-2 流通加工的主要类型

划分角度	类型	基本特点
按目的和所起作用分	为弥补生产领域加工不足的深加工	实际是生产的延续，是生产加工的深化，对弥补生产领域加工不足有重要意义
	为满足需求多样化进行的服务性加工	带有服务性生产型用户便可以缩短自己的生产流程，使生产技术密集程度提高。对一般消费者而言，则可省去烦琐的预处置工作，集中精力从事较高级的、能直接满足需求的劳动
	为保护产品进行的加工	并不改变进入流通领域的"物"的外形及性质，主要采取稳固、改装、冷冻、保鲜、涂油等方法
	为提高物流效率、方便物流的加工	往往改变"物"的物理状态，但并不改变其化学特性，并最终仍能恢复原物理状态，可以使物流各环节易于操作
	为促进销售的流通加工	可能不改变"物"的本体，只进行简单改装的加工，也有许多是组装、分块等深加工形成高附加价值，起到吸引消费者、指导消费作用
	为提高加工效率的流通加工	流通加工企业采用效率高、技术先进、加工量大的专门机具和设备进行加工，解决了单个企业加工效率不高的弊病，使生产水平有了比较大的提高

续表

划分角度	类型	基本特点
按目的和所起作用分	为提高原材料利用率的流通加工	实行合理规划、集中下料的办法,从而有效提高原材料利用率,避免浪费
	为衔接不同运输方式、使物流合理化的流通加工	可以有效解决大批量、低成本、长距离干线运输的多品种、少批量、多批次的问题,以及末端运输和集货运输之间的衔接问题,在流通加工点与大生产企业间形成大批量、定点运输的渠道,又以流通加工中心为核心,组织对多用户的配送,也可在流通加工点将运输包装转换为销售包装
	生产流通一体化的流通加工形式	依靠生产企业与流通企业的联合,或者生产企业涉足流通,或者流通企业涉足生产,形成对生产与流通加工进行合理分工、合理规划、合理组织,统筹进行生产与流通加工的安排,从而可以促进产品结构及产业结构的调整,充分发挥企业集团的经济技术优势是目前流通加工领域的新形式
	以提高经济效益、追求企业利润为目的的流通加工	是经营的一环,在满足生产和消费要求基础上取得利润,同时在市场和利润引导下使流通加工在各个领域中能有效地发展
按工艺分		装袋、定量化小包装、挂牌子、贴标签、配货、拣选、分类、混装、刷标记等,生产的外延流通加工包括剪断、打孔、折弯、拉拔、挑扣、组装、改装、配套及混凝土搅拌等

表 6-3 流通加工的主要方法

序号	流通加工的主要方法	组织实施
1	剪板加工	在固定地点设置剪板机或各种剪板、切削设备,将大规格的金属板料裁切为小尺寸的板料或毛坯
2	集中开木下料	将原木锯裁成各种木板,同时把木头碎屑集中加工成各种规格的夹板板材,甚至还进行打眼、凿孔等初级加工
3	燃料掺配加工	将各种煤或其他一些发热物资,按不同配方进行接配,形成能产生不同热量的各种燃料
4	冷冻加工	为了解决鲜活商品、药品等在流通中保鲜、装卸搬运问题,采取低温冷冻的加工
5	分选加工	对农副产品进行分等分级的挑选分类工作
6	精制加工	对农牧副鱼产品去除无用部分,甚至进行切分、洗净、分装的工作
7	分装加工	对商品按零售要求进行新的包装、大包装改小包装、散包装改小包装、适合运输的包装改适合销售的包装等
8	组装加工	对出厂配件、半成品进行组合安装,随机销售
9	定造加工	特别为使用加工制造适合个性的非标准用品,这些东西往往不能由大企业生产出来,只好由流通加工企业"量身订做"

小思考 6-10

广州创光水切割加工厂是一家专业提供水切割加工的工厂,该厂拥有国内一流的超高压水切割设备和经验丰富的技术人员,能为客户提供优质服务。该厂主要对各种材料切割加工,如不锈钢板、铁板、铝板、大理石、花岗岩、陶瓷、玻璃及各种材料的异形图形、平面图形、几何图形切割;同时承接陶瓷艺术拼花、大理石拼花、金属工艺、玻璃工艺、水晶工艺、各种文字、英文字母等切割加工,在各种不同材料上雕刻图案、字母等;最佳的切割厚度一般在 30mm 以内。

该厂水切割系统是引进国内先进技术制造的全数控机械,自动控制切割,准确性高,切割时无尘无味,无振动,不损伤表面,切面平滑不刺手,切割缝小,工艺精细,精确度高,效率快,质量好,信誉佳,作品更加完美精致。通过流通加工使产品更加完美,服务更加热诚,创造更大的商机,获得更高的利润。

想一想:广州创光水切割加工厂按目的分类属于哪种流通加工类型?

2) 加工和配送结合。将流通加工设置在配送点,一方面按配送的需要进行加工;另一方面加工又是配送流程中的一环,加工后的产品直接投入配货作业,这就无须单独设置一个加工的中间环节,使流通加工有别于独立的生产,从而使流通加工与中转流通巧妙结合在一起。同时,由于配送之前有加工,可使配送服务水平大大提高。这是当前对流通加工做出合理选择的重要形式。

3) 加工和配套结合。在对配套要求较高的流通中,配套的主体来自各个生产单位,但是,完全配套有时全部依靠现有的生产单位,只有进行适当的流通加工,才可以有效促成配套,从而发挥流通的桥梁与纽带的作用。

4) 加工和合理运输结合。流通加工能有效衔接干线运输与支线运输,促进两种运输形式合理化。利用流通加工,使干线运输与支线运输之间的转换更加合理,从而大大提高运输及运输转载水平。

5) 加工和合理商流结合。通过加工,有效地促进销售,使商流合理化,也是流通加工合理化的考虑方向之一。通过简单地改变包装加工,形成方便的购买量;通过组装加工解除用户使用前进行组装、调试的难处,也都是有效促进商流的例子。

6) 加工和节约结合。对于流通加工合理化的最终判断,要看其是否能实现让会的和企业本身的两个效益,而且是否取得了最优效益。对流通加工企业而言,与一般生产企业的一个重要不同之处是,流通加工企业更应树立社会效益第一的观念。如果只是追求企业的微观效益,不适当地进行加工,甚至与生产企业争利,那就有违流通加工的初衷,或者其本身已不属于流通加工范畴了。

小思考 6-11

在满洲里投资的欧亚木业和嘉华木业生产的产品全部销往美国市场。它们在满洲里主要生产家具的半成品,发往山东的企业做成家具销往国外市场。为什么这两家企业目前不把最终产品放在满洲里?

小链接 6-2

无锡的大明不锈钢市场,是无锡较大的不锈钢市场,经营上海宝钢、上海克虎佰不锈钢、邯郸钢铁、武汉钢铁等企业的不锈钢产品。在不锈钢的经营过程中,不锈钢经销商以及专门从事流通加工的企业,根据客户的要求,对产成品进行相应的加工,然后进行销售,如汽车、冰箱、冰柜、洗衣机的生产制造企业每天需要大量的钢板。各种钢材(钢板、型钢、线材等)的长度、规格有时不完全适用于客户,如热轧厚钢板等板材最大交货长度可达 7~12m,有的是成卷交货。

对于使用钢板的用户来说,如果采用单独剪板、下料方式,设备闲置时间长、人员浪费大,不容易采用先进方法。如果能够委托专业钢板剪切加工企业采用集中剪板、集中下料方式,可以避免单独剪板、下料的一些弊病,提高材料利用率。专业钢板剪切加工企业能够利用专业剪切设备，按照用户设计的规格尺寸和形状进行高质量、高精度的套裁加工，速度快、废料少、成本低。

除了大型汽车制造企业外，一般规模的生产企业如若自己单独剪切，都难以解决因用料高峰和低谷的差异引起的设备忙闲不均和人员浪费问题。专业钢板剪切加工企业在国外数量很多，大部分由流通企业经营。这种流通加工企业不仅提供剪切加工服务和配送服务，还出售加工原材料和加工后的成品。

小思考6-12

北京剪板厂20世纪80年代初建于北京大兴，投资1000万美元。该厂设计年加工能力80万吨，有4条剪板加工生产线，是当时全国最大的流通加工项目。但是，该企业建成后不久便停产、下马。

分析其失败的各种原因，除体制因素外，有几点是值得注意的。其一，加工原料定位失误。将欲加工的钢板定位于全部从天津进口，后因货源不足，出现等米下锅的窘境。其二，对用户调查出现误差。他们将加工的服务对象定位于全国（北至黑龙江，南至福建），这在当时是根本办不到的。其三，流通加工技术定位也出现问题。全部采用进口设备，虽具有加工速度快、精度高的优点，但因此而带来每吨300元的加工费用，企业不情愿接受。

天津宝钢储菱物资配送有限公司成立于20世纪90年代中叶，年均加工板材10万多吨，具有国际先进的横剪、纵剪钢材剪切线及两台小型剪机。该企业只有员工60人，其中生产加工线工人仅30余人，因其加工精度高、经营效益高、配送服务好，深受用户的欢迎，极具良好发展前景。

请问：两个厂为何如此不同？

 能力训练

1. 案例分析

1）上海联华生鲜食品加工配送中心是我国设备较先进、规模较大的生鲜食品加工配送中心，总投资6000万元，建筑面积35000m²，年生产能力20000t，其中肉制品15000t，生鲜盆菜、调理半成品3000t，西式熟食制品2000t，产品结构分为15大类约1200种生鲜食品。在生产加工的同时，配送中心还从事水果、冷冻品以及南北货的配送任务。

该中心的生鲜加工按原料和成品的对应关系可分为两种类型：组合和分割。两种类型在BOM（Bill of Material）设置和原料计算以及成本核算方面都存在很大的差异。在BOM中每个产品设定一个加工车间，只属于唯一的车间，在产品上区分最终产品、半成品和配送产品；商品的包装分为定量和不定量的加工，对于秤称的产品/半成品需要设定加工产品的换算率（单位产品的标准重量）；原料的类型区分为最终原料和中间原料，设定各原料相对于单位成品的耗用量。生产计划/任务中需要对多级产品链计算嵌套的生产计划/任务，并生成各种包装生产设备的加工指令。对于生产管理，在计划完成后，系统按计划内容输出标准领料清单，指导生产人员从仓库领取原料以及生产时的材料。在生产计划中考虑产品链前道与后道的衔接，各种加工指令、商品资料、门店资料、成分资料等下发到生产自动化设备。加工车间人员根据加工批次加工调度，协调不同商品间的加工关系，以满足配送要求。

分析：

① 什么是流通加工，它包括什么活动？

② 你见过的流通加工有哪些？能否举例说明？

③ 现代物流中流通加工合理化应满足哪些要求？

④ 阅读本案例后，你对流通加工有何认识？

2）阿迪达斯公司在美国有一家超级市场，设立了组合式鞋店，摆放的不是做好了的鞋，而是做鞋用的半成品，款式花色多样，有6种鞋跟、8种鞋底，均为塑料制造的，鞋面的颜色以黑、白为主，搭带的颜色有80种，款式有百余种，顾客进来可任意挑选自己所喜欢的各个部位，交给职员当场进行组合制作。这家鞋店昼夜营业，职员技术熟练，鞋子的售价与成批制造的价格差不多，有的还稍便宜些。所以顾客络绎不绝，销售金额比邻近的鞋店多10倍。

结合案例，谈谈如何更好地发挥流通加工在物流管理中的作用。

2. 模拟操作

1）完成开篇布置的任务。

2）某个生产企业需要钢铁企业的钢材，除了规格型号的要求外，往往希望能够在长度、宽度等方面满足需要。但是钢铁企业面对成千上万个客户，是很难满足每个客户的细节要求的。

问题：

① 如果你是该企业，你该如何处理？

② 在流通过程进行有关加工有什么重要意义？

3）到某个超市或配送中心看看，它们有哪些流通加工？这些流通加工是如何操作的？

任务七 配送管理

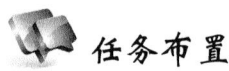 任务布置

某配送中心截止到下午 5 点累计接受了 100 家连锁门店 2050 种汽车零部件的订货,要求次日早上 8 点以前送到各连锁门店。如何完成这笔业务?

某连锁餐饮企业在南京地区开设了 15 家分店,分别分布在南京的 8 个区。由于餐饮类配送的品种较多,而数量较少,且对时间的要求也很高,因此目前配送成本居高不下。如何对该企业的配送作业进行合理化改善?

 问题设置

1. 什么是配送?它与传统的送货、运输及物流有什么区别?它有什么特点?
2. 什么是配送中心?它有什么作用?具备什么功能?有哪些类型?
3. 配送是怎样运作的?它有哪些类型?
4. 如何进行合理配送?

 问题解答

1. 什么是配送?它与传统的送货、运输及物流有什么区别?它有什么特点?

(1) 什么是配送?它与传统的送货、运输及物流有什么区别?

配送是应市场上多品种、小批量的多样化趋势而产生的。"配送"一词源于日本,其原意是"交货送货"。我国现在所使用的"配送"一词就是原封不动地搬用了日语中的这两个日语汉字,并赋予了汉语的读音。

中华人民共和国国家标准《物流术语》(GB/T 18354—2006) 给配送 (Distribution) 下的定义是:在经济合理区域范围内,根据客户要求,对物品进行拣选、加工、包装、分割、组配等作业,并按时送达指定地点的物流活动。

从上述配送的基本定义中可以看出:

1) 配送实质是送货。
2) 配送是一种"中转"形式。
3) 配送是"配"和"送"有机结合的形式。
4) 配送以用户要求为出发点。
5) 定义中"在经济合理区域范围内"的提法是基于这样一种考虑:过分强调"根据客户要求"是不妥的,应追求合理化,进而指导用户,实现双赢的商业原则。一般

指半径 30~50km。随着现在交通基础设施日益完善和配送工具日益先进,配送的业务辐射范围可涵盖半径 300km 范围。

配送与传统的送货、与运输、与物流是有区别的。

1) 配送与送货的区别（见表 7-1）。

表 7-1 配送与送货的区别

比较项目	配送	传统送货
主动性	主动的服务	完全被动
计划性	有计划的主营业务	偶然的,应客户要求的随机行为
功能的多样性	具有多功能性	是单一的行为
技术手段	依靠高科技手段支撑	运用简单的运输工具

2) 配送与运输的区别（见表 7-2）。

表 7-2 配送与运输的区别

比较项目	配送	运输
移动距离	短	长
移动性质	干线公路运输	支线、区域、末端多方式运输
移动工具	小型、卡车	大型、多种
货物特征	多品种、小批量、多批次	少品种、大批量
服务特性	"配"和"送"的结合：货物送交客户	纯粹的"送"：结点间货物移动
价值取向	服务优先	效率优先
功能特性	多功能：装卸、保管、包装、分拣、流通加工、订单处理、运输等	少功能：运输

3) 配送与物流的区别。配送几乎包括了所有的物流功能要素,是物流的一个缩影或在某小范围中物流全部活动的体现。一般的配送集装卸、包装、保管、运输于一身,通过这一系列活动实现将货物送达的目的。特殊的配送则还要以加工活动为支撑,所以包括的方面更广。但是,配送的主体活动与一般物流却有不同,一般物流是运输及保管,而配送则是运输及分拣配货,分拣配货是配送的独特要求,也是配送中有特点的活动,以送货为目的的运输则是最后实现配送的主要手段。

(2) 配送有什么特点?

1) 配送是从物流据点到用户之间的一种特殊送货形式。配送不是一般意义上的送货,也不是生产企业推销产品时直接从事的销售性送货,而是从物流据点至用户的一种特殊送货形式。一般送货是生产什么、有什么就送什么,配送则是需要什么送什么,它不是被动的、消极的、零星的送货,而是以一种积极的、固定的业务方式而存在的。

2）配送是运输与其他活动共同构成的组合体。配送不是单纯的运输或输送，配送离不开运输，是运输与其他活动共同构成的有机体，但从物流中的运输整体来讲，配送在整个运输中居于"二次运输""支线运输""末端运输"的位置。与运输相比，配送更直接面向并靠近客户，而运输一般是干线输送和直达送货，批量大、品种相对单一。另外，配送同运输的区别不仅仅表现在数量、种类、距离、复杂程度等方面，还表现在其需要现代技术和装备的支持。如果运输和配送都不能兼顾运输效率原则和优质服务原则的话，那么运输则重视效率，即尽可能优先考虑装载率，而配送则多以服务为目标，在能力许可的情况下优先满足客户服务要求。

3）配送是以供给者送货到户的服务性供应，是一种"门到门"的服务。配送可以将货物从物流据点一直送到用户的仓库、营业场所、车间乃至生产线的起点。配送不是广义概念的组织物资订货、签约、结算、进货及对物资处理分配的供应，而是以供给者进货到户的形式供应，是从用户利益出发，按用户要求进行的一种活动，体现了配送服务性的特征。

4）配送是"配"和"送"的有机结合形式。配送的主要功能是送货，科学、经济的送货以合理配货为前提。也就是说，配送除了各种运送活动外，还要从事大量分货、配货、配装等工作。"配"是"送"的前提和条件，"送"是"配"的实现和完成。"配"与"送"两者相辅相成，缺一不可。

2. 什么是配送中心？它有什么作用？具备什么功能？有哪些类型？

（1）什么是配送中心？

配送中心是配送的一个特定场所。中华人民共和国国家标准《物流术语》（GB/T 18354—2006）给配送中心（Distribution Center）下的定义是：从事配送业务且具有完善信息网络的场所或组织，应基本符合下列条件：①主要为特定客户或末端客户提供服务；②配送功能健全；③辐射范围小；④多品种、小批量、多批次、短周期。

配送中心与物流中心是有区别的（见表7-3）。

表7-3 配送中心与物流中心的主要区别

比较项目	物流中心	配送中心
功能	单一或全面、辐射范围大	较单一、辐射范围大
规模	较大	可大可小
在供应链中的位置	上游	下游
物流特点	少品种、大批量、少供应商	多品种、小批量、多供应商

小思考7-1

配送中心应具备的主要条件有哪些？

（2）配送中心有什么作用？

概况说，配送中心主要有以下作用：

1）完善运输系统。现代载重量较大的运输工具，只适于长距离、大批量的干线运输。支线运输一般是小批量的，如果使用载重量大的运输工具则是一种浪费。另外，支线小批量运输频次高、服务性强，要求比干线运输具有更高的灵活性和适应性。配送通过其他物流环节的配合，可实现定制化服务，能满足这种要求。配送与运输只有密切结合，干线运输与支线运输才能有机统一起来，实现运输系统的合理化。

2）消除交叉输送。交叉运输的存在导致输送路线长、规模效益差、运输成本高。如果在生产企业与客户之间采取配送方式，则可消除交叉运输。因为采取配送方式以后，将原来直接由各生产企业送至各客户的零散货物通过配送进行整合再实施，避免了交叉输送，使输送距离缩短，成本降低。

3）提高末端物流效益。采取配送方式，通过配货和集中送货，或者与其他企业协商实施共同配送，可以提高物流系统末端的经济效益。

4）实现低库存甚至零库存。通过集中库存，在同样的满足水平上，配送可使系统总库存水平降低，既降低存储成本，也节约运力和其他物流费用。尤其是采用准时制配送方式后，生产企业可以依靠配送的准时送货而无须保持自己的库存，或者只需保持少量的保险储备，实现生产企业的"零库存"或低库存，减少资金占用，改善企业的财务状况。

5）方便用户。由于配送可提供全方位的物流服务，采用配送方式后，用户只需向配送服务供应商进行一次委托，就可以得到全过程、多功能的物流服务，从而简化了委托手续和工作量，也节省了开支。

6）提高供应保证程度。采用配送方式，比任何单独供货企业有更强的物流能力，可使用户减少缺货风险。

小思考7-2

请比较图7-1、图7-2的差别，思考配送中心的作用。

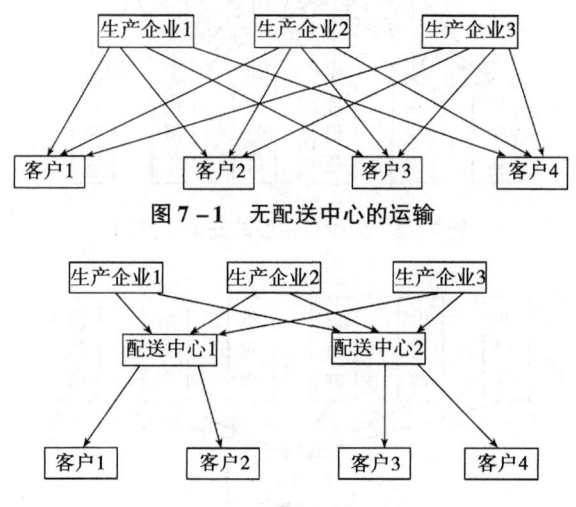

图7-1 无配送中心的运输

图7-2 有配送中心的运输

（3）配送中心具备什么功能？

一个配送中心应主要具备以下功能。

1）集货功能。配送中心为实现按用户需要配送，须从众多供应商手中购进大量品种比较齐全的商品。一般来说，集货批量大于配送批量。

2）储存功能。为保证正常配送的需要，在配送中心应保持一定的储备，同时做好这些储备的保管工作。

3) 分拣功能。将储存货物按用户要求分拣配齐以后，送到指定配货场，经配装送至用户。这是配送中心的主要功能之一。

4) 装卸搬运。集货、储存、分拣、配货等过程，都需要进行装卸搬运。装卸搬运作业效率的高低、质量的好坏直接影响到配送的速度和质量。

5) 加工功能。配送过程中，为解决生产中大批量、少品种和消费中的小批量、多样化要求的矛盾，按照用户对商品的不同要求，应对商品进行分割、分装、配装、配载等加工活动。

6) 送货功能。将配好的商品按到达点或到达路线进行送货。运输车辆可借用社会运输车辆，也可自配专业运输队。

7) 信息处理功能。配送中心必须有灵敏、完整的信息情报系统，这是保证配送中心业务顺利进行的关键。

8) 集散功能。配送中心为产品供应者（厂商）和产品需要者（客户）搭起了一座桥梁，产生聚集扩散效应（见图7-3、图7-4）。

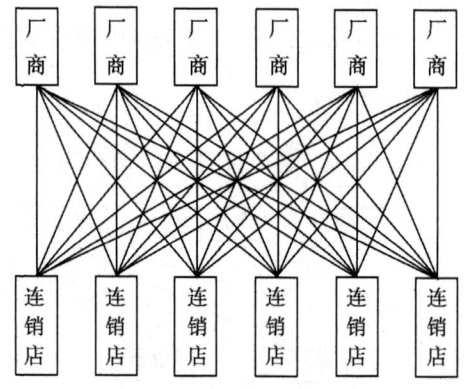

图 7-3 无配送中心的交易示意图

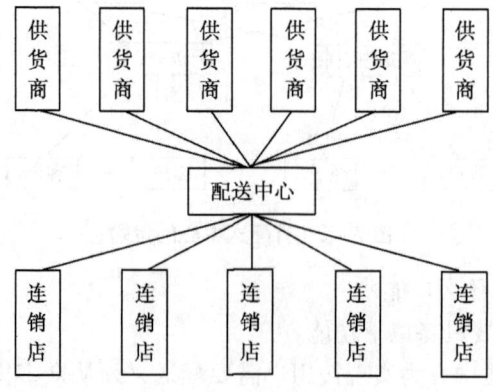

图 7-4 有配送中心的交易示意图

(4) 配送中心有哪些类型？

配送中心的类型很多（见表7-4），要根据不同的工作情境作出相应的选择。

表7-4 配送中心的主要类型

分类角度	类型	基本特点
按设立者分	制造商型配送中心	是以制造商为主体的配送中心。这种配送中心里100%的物品由自己生产制造，用以降低流通费用、提高售后服务质量和及时将预先配齐的成组元器件运送到规定的加工和装配工位。从物品制造到生产出来后条码和包装的配合等多方面都较易控制，所以按照现代化、自动化的配送中心设计比较容易，但不具备社会化的要求
	批发商型配送中心	是由批发商或代理商成立的，以批发商为主体的配送中心。批发是物品从制造者到消费者手中的传统流通环节之一，一般是按部门或物品类别的不同，把每个制造厂的物品集中起来，然后以单一品种或搭配向消费地的零售商进行配送。这种配送中心的物品来自各个制造商，它的一项重要活动是对物品进行汇总和再销售，而它的全部进货和出货都是社会配送的，社会化程度较高
	零售商型配送中心	是由零售商向上整合成立的，以零售业为主体的配送中心。零售商发展到一定规模后，就可以考虑建立自己的配送中心，为专业物品零售店、超级市场、百货商店、建材商场、粮油食品商店、宾馆饭店等服务，其社会化程度介于前两者之间
	专业物流配送中心	是以第三方物流企业（包括传统的仓储企业和运输企业）为主体的配送中心。这种配送中心有很强的运输配送能力，地理位置优越，可迅速将到达的货物配送给用户。它为制造商或供应商提供物流服务，而配送中心的货物属于制造商或供应商所有，配送中心只是提供仓储管理和运输配送服务。这种配送中心的现代化程度往往较高
按服务范围分	城市配送中心	是以城市为配送范围的配送中心，由于城市范围一般处于汽车运输的经济里程，这种配送中心可直接配送到最终用户，且采用汽车进行配送，所以这种配送中心往往和零售经营相结合。由于运距短、反应能力强，因而从事多品种、少批量、多用户的配送较有优势
	区域配送中心	以较强的辐射能力和库存准备，向省（州）际、全国乃至国际范围的用户配送的配送中心。这种配送中心配送规模较大，一般而言用户也较大，配送批量也较大，而且往往是配送给下一级的城市配送中心，也配送给营业所、商店、批发商和企业用户，虽然也从事零星的配送，但不是主体形式
按功能分	供应型配送中心	是专门为某个或某些客户（如联营商店、联合公司）组织供应的配送中心
	销售型配送中心	是以销售经营为目的、以配送为手段的配送中心。销售配送中心大体有三种类型：①生产企业将本身产品直接销售给消费者的配送中心，在国外，这种类型的配送中心很多；②流通企业作为本身经营的一种方式，建立配送中心以扩大销售，我国目前拟建的配送中心大多属于这种类型，国外的例证也很多；③流通企业和生产企业联合的协作性配送中心。比较起来看，国外和我国的发展趋向，都向以销售配送中心为主的方向发展
	储存型配送中心（DC）	有很强的储存功能。我国目前建设的配送中心，多为储存型配送中心，库存量较大
	流通型配送中心（TC）	包括通过型或转运型配送中心，基本上没有长期储存的功能，仅以暂存或随进随出的方式进行配货和送货的配送中心。典型方式为大量货物整批进入，按一定批量零出。一般采用大型分货机，其进货直接进入分货传送带，分送到各用户货位或直接分送到配送汽车上
	加工型配送中心（PC）	该类型的配送中心的主要功能是对商品进行清洗、下料、分解、集装等加工活动，以流通加工为核心开展配送活动。在生产资料和生活资料配送活动中有许多加工型配送中心

续表

分类角度	类型	基本特点
按属性分	食品配送中心	以食品配送为主要业务的配送中心
	日用品配送中心	以日用品配送为主要业务的配送中心
	医药品配送中心	以医药品配送为主要业务的配送中心
	化妆品配送中心	以化妆品配送为主要业务的配送中心
	家电品配送中心	以家电品配送为主要业务的配送中心
	电子产品配送中心	以电子产品配送为主要业务的配送中心
	书籍产品配送中心	由于书籍有新版、再版及补书等特性,尤其是新版的书籍或杂志,其中的80%不上架,直接理货配送到各书店,剩下的20%左右库存在配送中心等待客户的再订货;另外,书籍或杂志的退货率非常高,有三四成。因此对其存储区间设计有要求
	服饰产品配送中心	有淡旺季及流行性等特性,而且较高级的服饰必须使用衣架悬挂
	汽车零件配送中心	以汽车零件配送为主要业务的配送中心
	生鲜品配送中心	主要处理的物品为蔬菜、水果与鱼肉等生鲜产品,属于低温型的配送中心,由冷冻库、冷藏库、鱼虾包装处理场、肉品包装处理场、蔬菜包装处理场及进出货暂存区等组成,冷冻库为-25℃,而冷藏库为0~5℃,又称为湿货配送中心
按社会化程度分	企业配送中心	企业是配送中心的主体。这种配送中心流通环节少,物流成本较低
	社会(专业)配送中心	第三方物流企业是配送中心的主体。这种配送中心还提供设施和保管、配送等作业服务
	共同配送中心	供应商是建立配送中心的主体。这种配送中心兼有库存、流通加工等功能
按产权归属分	自有型配送中心	隶属于某一个企业或集团,通常只为本企业服务,不对本企业或企业集团外开展配送业务的配送中心。配送中心内的各种物流设施和设备归一家企业或企业集团所有,是企业或企业集团的一个有机组成部分
	公共型配送中心	是以营利为目的的、面向整个社会后勤服务的配送组织。只要支付服务费,任何客户都可以使用这种配送中心。公共型配送中心作为社会化物流的一种组织形式在国内外迅速普及
	合作型配送中心	是由几家企业合作兴建、共同管理的物流企业,多为区域性配送中心,可以是系统内企业之间的合作,也可以是系统或地区规划建设,或多个企业、系统、地区联合共建,形成辐射全社会的配送网络

3. 配送是怎样运作的?它有哪些类型?

(1) 配送是怎样运作的?

1) 配送的基本流程。

①配送的一般流程如图7-5所示。

• 进货作业。在配送的基本作业流程中,进货作业是货物实体上的领取,从货车上将货物卸下、开箱、检验、指派存放位置,然后将有关信息作书面表述等一系列工作(见图7-6)。

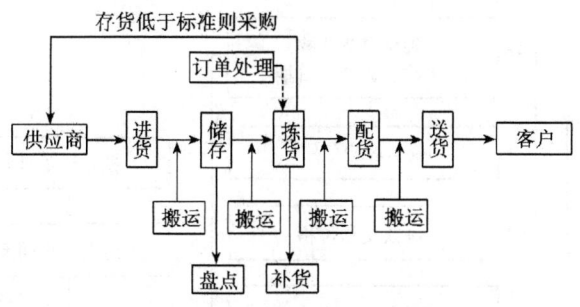

图 7-5 配送的一般流程图

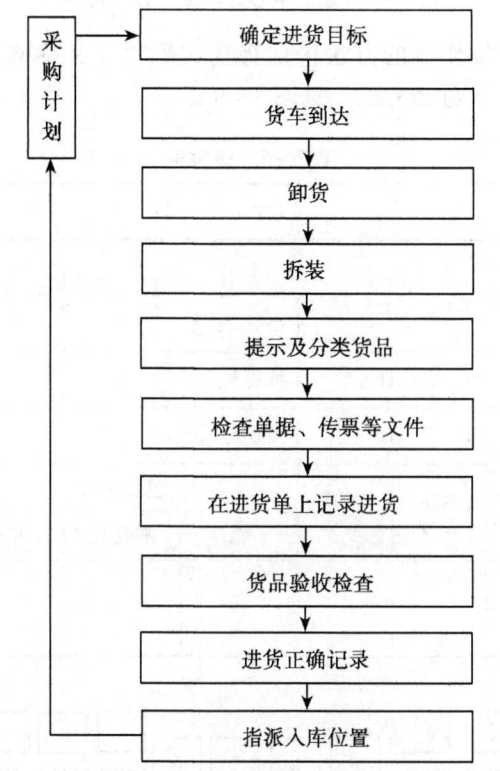

图 7-6 配送中心进货作业流程

- 搬运作业。所谓搬运是指在同一场所内，对货物进行水平移动为主的物流作业。
- 储存作业。将货均保存在仓库内适宜的货位上。
- 盘点作业。盘点工作不仅是对现有的商品库存状况的清点，而且可以针对过去的商品管理的状态作分析，为将来商品管理的改进提供参考资料。
- 订单处理。订单处理指从接到客户订单开始到着手准备拣货之间的作业阶段（见图 7-7）。

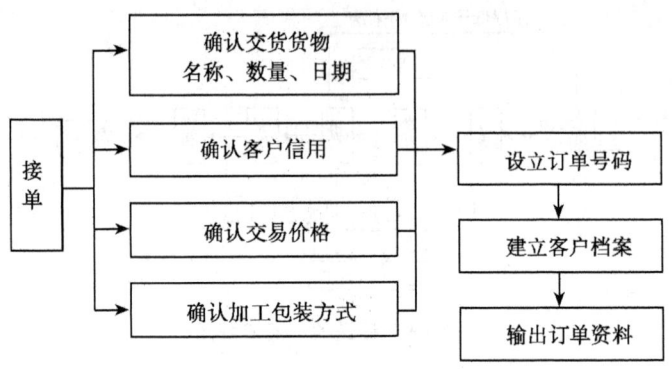

图 7-7 配送中心订单处理作业流程

- 拣货作业。拣货作业的方法包括拣选式配货（又称摘果法，见表 7-5 和图 7-8）和分货式配货（又称播种法，见图 7-9）。

表 7-5 拣货单

拣货单编号：					用户订单编号：				
用户名称：									
出货日期：					出货货位号：				
拣货时间： 年 月 日至 年 月 日					拣货人：				
核查时间： 年 月 日至 年 月 日					核查人：				
序号	储位号码	货物名称	规格型号	货物编码	包装单位			数量	备注
					箱	整托盘	单件		

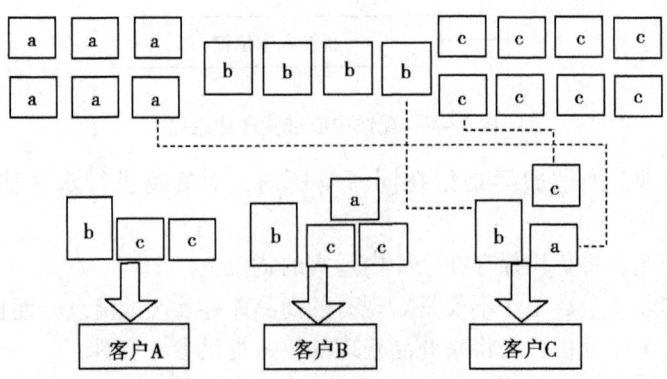

图 7-8 摘果法配货流程

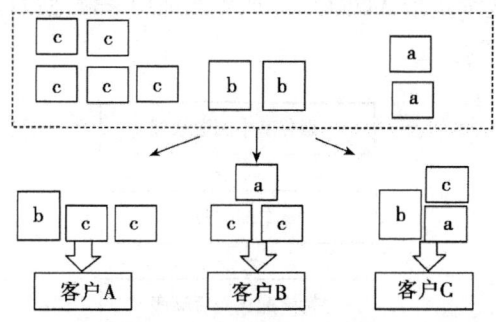

图 7-9 播种法配货流程

- 补货作业。补货作业指从货物保管区将货物移到另一个作为按订单拣取用的拣货区。通常在配送中心主要有三种补货方式（见图 7-10）。

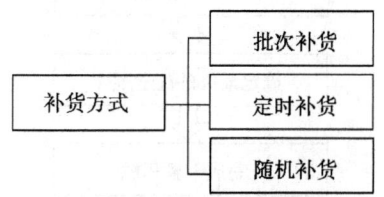

图 7-10 配送中心补货作业流程

- 配货作业。配货是指将拣取分类好的货物作好出货检查，装入妥当的容器，作好标记，再运到出货准备区，待装车后发送（见图 7-11）。

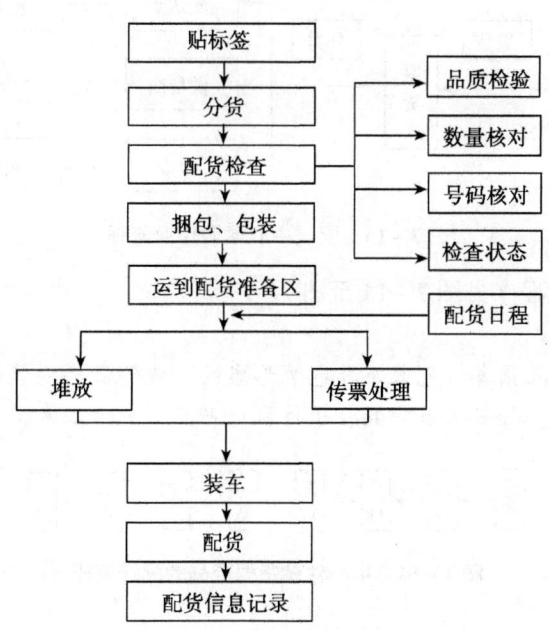

图 7-11 配送中心配货作业流程

- 送货作业。送货是指从配送中心或生产地用车辆把被订购的货物送到顾客手中的物流活动（见图7-12）。

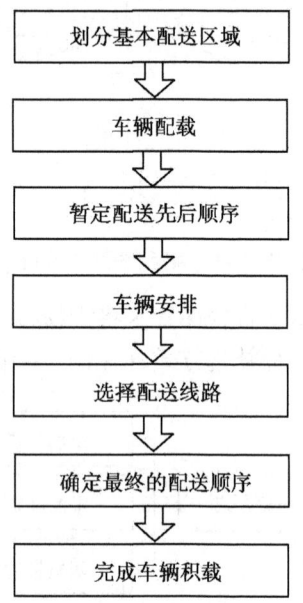

图7-12 配送中心送货作业流程

- 退调作业。商品退调也是配送中心作业管理的重要环节（见图7-13）。

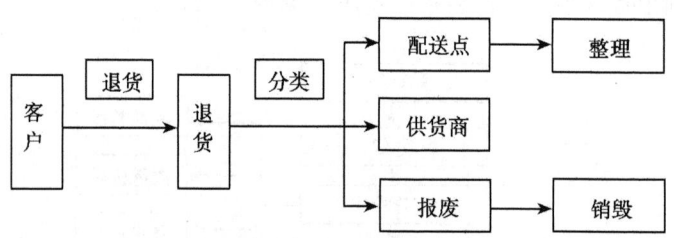

图7-13 配送中心退调作业流程

②配送的特殊流程（见图7-14至图7-19）。

小链接7-1

中小件杂货型产品指各种包装及非包装形态的、能够混存混装的、种类品种规格复杂多样的中小件产品，如日用百货品、小件机电产品、五金工具、书籍等。

图7-14 中小件杂货型产品的配送流程

小链接7-2

长条及板块型产品是包装形态方面以捆装或裸装为主，在形状方面基本以块状、板状及条状为主的产品，如金属材料、玻璃、木材及其制品。

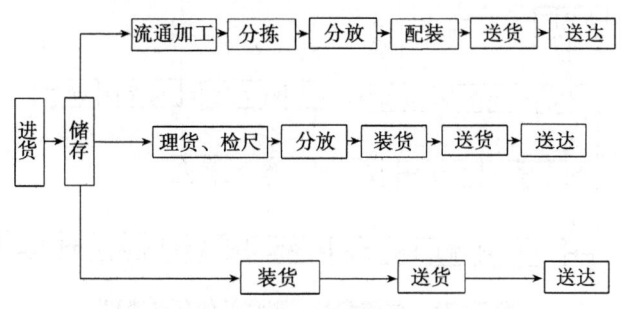

图 7–15　长条及板块型产品的配送流程

小链接 7–3

粉状类产品指粉末、散装性态存在的物品及其制品，如各种煤及煤制品，水泥和石灰等粉状材料等。

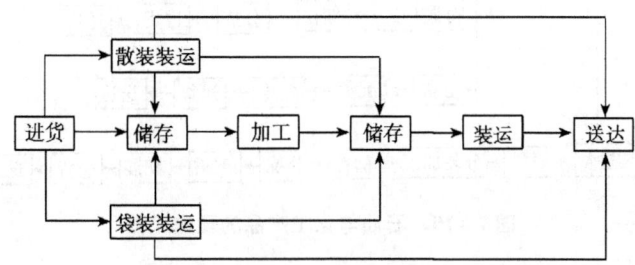

图 7–16　粉状类产品的配送流程

小链接 7–4

大件家电、家具及家庭用具体积大、质量大，属家庭耐用品，需求随机性强，且需求个性化趋势也较强。

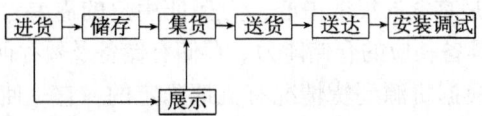

图 7–17　大件家电、家具、家庭用具的配送流程

小链接 7–5

生鲜食品、副食品的配送有以下要求。
① 主要适用于有一定保质期的食品。
② 主要适用于保质、保鲜要求较高的、需要快速送达用户的食品。
③ 适用于需加工配送的食品。

小链接 7–6

石油产品主要指石油制成品，如汽油、柴油、机油等液体燃料和石油气等气体产品。化工产品种类较多、形态复杂，这里主要指有一定毒、腐、危险的块状、粉状的固体化工产品与大量使用的液体酸碱等产品，如硫酸、盐酸、液碱等。

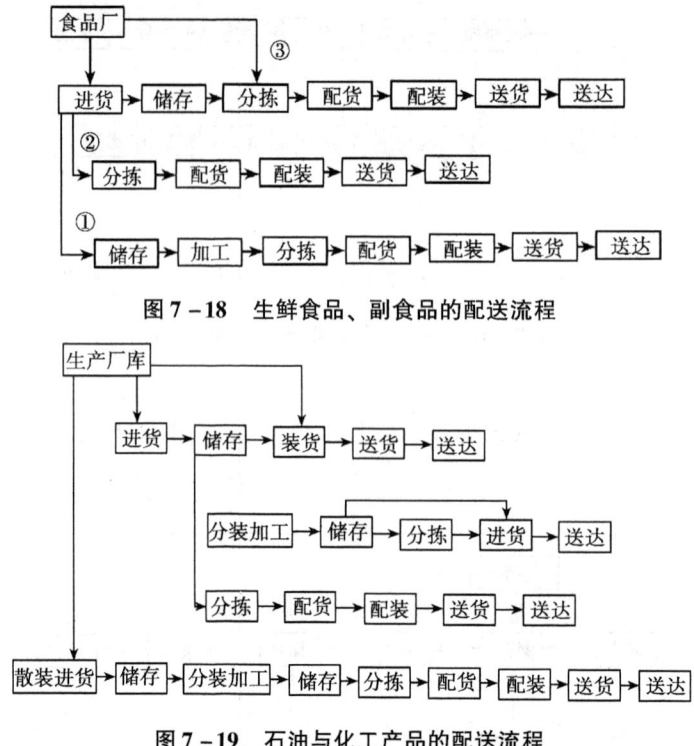

图 7-18 生鲜食品、副食品的配送流程

图 7-19 石油与化工产品的配送流程

2) 配送的功能要素。

①备货。将分散的或小批量的物品集中起来称为备货，也称集货，这是配送的准备工作或基础工作。配送的优势意义，就是可以集中客户的需求进行一定规模的备货。备货是配送的基础环节，同时也是决定配送效益高低的关键环节。如果备货不及时或不合理，成本较高，就会大大降低配送的整体效益。

②存储。配送中心是物资的集散中心，为保证用户的需要，配送中心必须广泛组织货源，集中储备，必须具备相应的仓储能力。存储有储备及暂存两种形态。储备是按照一定时期配送活动要求和根据货源到货情况有机地确定的，它是使配送持续运作的货源保证。暂存是指具体执行配送时按分拣、配货要求，在理货场地所做的少量存储准备。

③配货。配货是指使用各种拣选设备和传输装置，将存放的物品按客户要求分拣出来、配备齐全，送入指定发货地点，可细分为分拣及配货两个要素。配货是配送不同于其他物流形式的功能要素，也是配送成败的重要支持性工作。由于配送必须按客户的要求对商品进行配货，因而必须具备现代化的物流技术装备和高水平的理货、备货能力。配货是送货向配送发展的必然要求，是不同配送企业进行竞争和提高自身经济效益的必然延伸。所以说，配货是决定整个配送系统水平的关键要素。

④配装。配装是指在单个客户配送数量不能达到车辆有效载荷时，应集中不同客户的货物，进行搭配装载以充分利用运能。通过这项工作可以大大提高送货水平，降低送货成本。所以，配装也是配送系统中有现代特点的功能之一，是现代配送不同于以往送货的重要区别之处。

⑤配送运输。配送运输是距离较短、规模较小、额度较高的运输方式，属支线运输、末端运输，一般以汽车做运输工具。此外，与干线运输的另一个区别是，配送运输的路线选择问题也是一般运输所没有的。干线是干线运输的唯一运输线，而配送运输由于配送用户多，城市交通路线一般又较复杂，所以如何组合成最佳路线、如何使配装和路线有效搭配，就成为配送运输的特点，也是难度较大的工作。配送运输管理的重点是合理做好配送车辆的调度计划。

⑥送达服务。配好的货运到用户还不算配送工作的终结，这是因为货物送达后和用户接货往往还会出现不协调，使配送前功尽弃。因此，要圆满地实现货物的移交，并有效、方便地处理相关手续并完成结算，必须提高配送管理水平，严格执行订单有关要求。同时，还应讲究卸货地点、卸货方式等送达服务工作。在市场经济环境下，强调配送业务的送达服务是非常必要的，这也是配送与运输的主要区别之一。

⑦配送加工。为满足客户对物资不同形态的要求、提高配送中心的经济效益，在配送中心对物资进行必要的分割、包装等加工也是十分必要的。在配送中，这一功能不具有普遍性，但往往具有重要的作用。它可以提高配送的服务质量，降低配送成本，提高配送加工的经济效益。配送加工不同于一般流通加工的特点是，配送加工一般取决于用户要求，其加工的目的较为具体。

（2）配送有哪些类型？

配送可以从多角度加以区分（见表7-6至表7-14）。

表7-6 按其主体分类的配送类型

序号	按主体分类	组织实施
1	制造业配送	围绕制造企业进行的原材料、零部件的供应配送、各生产工序上的生产配送以及企业为销售产品而进行的销售配送。制造业配送的各个部分在客户需求信息的驱动下连成一体，按各自的职能分工合作，为企业的生产和销售服务
2	农业配送	在农业生产资料、农业产品的基础上发展起来的，指在与农业相关的经济合理区域范围内，根据客户要求，对农业生产资料、农产品进行分拣、加工、包装、分割、组配等作业，并按时送达指定地点的农物流活动
3	商业配送	包括批发企业和零售企业。批发企业配送的客户一般都不是最终消费者而是零售企业，因此，批发企业必然要求其配送系统能够满足零售客户的多批次、少批量订货要求，而且还要具有一定的流通加工能力。零售企业配送的客户大多是各类消费者，一方面，由于经营场所的面积有限，它们总是希望上游供应商（包括批发企业）能向其提供小批量的商品配送；另一方面，为满足各种不同客户的需要，它们又希望尽可能多地配备商品
4	物流企业配送	是专门从事物流活动的企业，因此物流企业配送并不像前面三类企业一样拥有货物的所有权，而是根据客户需要为客户提供配送支持性服务。现在，比较常见的物流企业配送是快递企业所提供的"门到门"配送

表7-7 按其组织者分类的配送类型

序号	按配送组织者分类	组织实施
1	配送中心配送	配送组织者为配送中心，通常有完善的配送设施、设备，配送专业性强，和用户一般有固定的配送关系，它具有配送能力强、配送品种多、数量大的特点，是配送的主要形式
2	仓库配送	以仓库为据点进行的配送，一般在保持仓库储存保管功能的前提下，增加一部分配送的职能

续表

序号	按配送组织者分类	组织实施
3	商品配送	配送的组织者为商业或物资的门市网点。这种配送形式除自身日常的零售业务外,还要按用户的要求配齐商品(包括本店经营商品和客户订货商品)后送达用户,在某种意义上来讲,还是一种销售配送形式

表7-8 按其经营形式分类的配送类型

序号	按经营形式分类	组织实施
1	销售配送	配送企业是销售企业,或者是指销售企业作为销售战略一环所实行的促销型配送。一般来讲,这种配送的对象是不固定的,用户也往往根据对市场的占有情况而定,其配送的经营状况也取决于市场状况,因此,这种形式的配送随机性较强,而计划性较差。各种类型的商店配送一般多属于销售配送
2	供应配送	供应配送是指用户为了自己的供应需要采取的配送形式。在这种配送形式下,一般来讲是由用户或集团组建配送据点,集中组织大批量货物(以便取得批量折扣),然后向本企业配送或向本企业集团若干企业配送。在大型企业、企业集团或联合公司中,常常采用这种配送形式组织本企业的供应。商业中广泛采用这种配送形式组织对本企业的供应,如连锁商店就常常采用这种方式。用配送方式进行供应,是保证供应水平、提高供应能力、降低供应成本的重要方式
3	销售与供应一体化配送	销售与供应一体化配送是指对于基本固定的用户和基本确定的配送产品,销售企业可以在自己销售的同时,承担用户计划供应者职能,既是销售者,同时又成为用户的供应代理人,起到用户供应代理人的作用
4	代存代供配送	代存代供配送是指将属于自己的货物委托给配送企业代存、代供,有时还委托代订,然后组织对本身的配送。这种配送在实施时不发生商品所有权的转移,配送企业只是用户的委托代理人。商品所有权在配送前后都属于用户所有,所发生的仅是商品物理位置的转移。配送企业仅从代存、代送中获取收益,而不能获得商品销售的经营性收益。在这种配送方式下,商物是分流的

表7-9 按配送物资种类及数量分类的配送类型

序号	按物资种类及数量分类	组织实施
1	单(少)品种大批量配送	企业需要量较大的商品,如A类商品,单独一个品种或几个品种就可达到较大输送量,实行整车运输,这样的商品往往不需要再与其他商品搭配,可由专业性很强的配送中心实行配送。由于配送量大,可使车辆满载并使用大吨位车辆;配送中心内部设置、组织、计划等工作也比较简单,因而配送成本较低
2	多品种、少批量配送	现代企业生产除了需要少数几种主要物资外,处于B、C类的物资品种数远高于A类主要物资,B、C类的品种数多,但单品种需求量不大,多品种、少批量配送有助于生产企业降低B、C类物资的库存资金占用。类似的情况也存在于向零售店补充一般生活消费品的配送
3	配套成套配送	按企业生产需要,尤其是装配型企业生产需要,将生产每一台(件)所需要所有部件配齐,按生产节奏定时送达生产企业,生产企业可将此成套零部件送入生产线装配产品。在这种配送方式下,配送企业承担了生产企业大部分供应工作,使生产企业致力于生产,与多品种、少批量配送效果相同
4	加工配送	即在配送中心(企业)按用户要求进行必要的加工,将流通加工和配送一体化,是使加工更有针对性、配送服务更完善的配送形式

小链接 7-7

多品种、小批量、多批次配送适合领域有企业销售和供应、电子商务。特别在电子商务 B2C 模式，多品种、小批量、多批次配送是支持消费配送的物流平台。

表 7-10 按配送时间及数量分类的配送类型

序号	按配送时间及数量分类	组织实施
1	定时配送	定时配送即按用户规定的时间间隔实行配送，每次配送的品种及数量可按计划执行，也可在配送之前以约定的联络方式确定配送品种及数量，但如果要求配送数量变化较大时，会使配送动力安排出现困难
2	定量配送	定量配送即按用户规定的批量在一个指定的时间范围内进行配送。由于时间不严格限定，配送中心可以将不同用户所需物品凑整车后配送，提高车辆满载率，节省运力
3	定时、定量配送	定时、定量配送即按规定的配送时间和配送数量配送，配送计划容易制订，特殊性较强
4	定时、定路线配送	定时、定路线配送即在规定的运行路线上制定到达时间表，按运行时间表实行配送，用户可按规定路线及规定时间提出配送要求。采用这种方式有利于计划安排车辆及驾驶人员。在配送用户较多的地区，也可免去过于复杂的配送要求所造成的配送组织工作及车辆安排的困难
5	即时配送	是完全按用户要求的时间和数量进行配送。这种方式是以某天的任务为目标，在充分掌握了这一天需要地（点）、需要量及需要种类的前提下，及时安排最优的配送线路并安排相应的配送车辆，实行配送，是水平较高的一种配送方式

小链接 7-8：定量配送主要适合的领域

1) 用户对于库存的控制不十分严格，有一定的仓储能力，不实行零库存。

2) 配送中心到用户的配送路线保证程度较低，难以实现准时的要求。

3) 难以对多个用户实行共同配送，只有达到一定配送批量，才能使配送成本降低到供需双方都能接受的水平。

表 7-11 按加工程度分类的配送类型

序号	按配送加工程度分类	组织实施
1	加工配送	与流通加工相结合的配送。即在配送据点设置流通环节，或是将流通加工与配送中心建在一起。应客户的需求或产品本身的需要，对其进行某种初加工之后，再进行配送
2	集疏配送	只改变产品数量组成形态而不改变产品本身的物理、化学形态。如大批量进货后小批量、多批次发货或零星集货后以一定批量发货

表 7-12 按配送企业的专业化程度分类的配送类型

序号	按配送企业的专业化程度分类	组织实施
1	综合配送	指配送商品种类较多，在一个配送网点中组织不同专业领域的产品向用户配送。由于综合性较强，称这一类配送为综合配送。综合配送可减少用户组织所需全部物资的进货负担，他们只需要和少数配送企业联系，便可解决多种需求的配送。因此，这是对用户服务较强的配送形式
2	专业配送	按照产品的性状不同，适当划分专业领域的配送方式。专业配送并非越细分越好，实际上在同一性状而类别不同产品方面，也是有一定综合性的。这种配送的方式由于自身的特点，可以优化配送设施，合理配备机械车辆，并能设计适用合理的工艺流程，以提高配送效率，如煤炭、石油的配送

表7-13 按其组织形式分类的配送类型

序号	按配送组织形式分类	组织实施
1	集中配送	由专门从事配送业务的配送中心向多家客户开展的配送。配送中心规模大、专业性强，与客户可确定固定的配送关系，实行计划配送。集中配送的品种多、数量大，一次可同时对同一线路上几家客户进行配送
2	分散配送	对小量、零星货物或临时需要的配送业务一般由销售网点进行。销售网点具有分布广、数量多、服务面宽等特点，比较适合开展距离近、品种繁多而用量小的物资配送
3	共同配送	由多个企业联合组织施的配送活动

表7-14 按实施配送的节点分类的配送类型

序号	按配送节点分类	组织实施
1	配送中心配送	配送中心专业性较强，和客户有固定的配送关系，一般实行计划配送，需配送的商品有一定的库存量，一般情况很少超越自己的经营范围。配送中心的设施及工艺流程是根据配送需要专门设计的，所以配送能力强、配送距离较远、配送品种多、配送数量大。配送中心承担工业生产主要物资的配送及向配送商店实行补充性配送等。配送中心配送是配送的重要形式。因此，必须有配套的大规模配送的设施，如配送中心建筑、车辆、路线等，这些设施一旦建成便很难改变。灵活机动性较差、投资较高，在实施配送时难以一下大量建设配送中心。因此，这种配送形式有一定的局限性
2	仓库配送	仓库配送是以一般仓库为据点进行的配送形式。它可以把仓库完全改造成配送中心，也可以以仓库原功能为主，在保持原功能的前提下，增加一部分配送职能。由于不是专门按配送中心要求设计和建立的，所以，仓库配送规模较小，配送的专业化程度低。但它可以利用原仓库的储存设施及能力、收发货场地、交通运输线路等开展中等规模的配送，并且可以充分利用现有条件而不需要大量投资
3	商店配送	商店配送的主体是商业或物资的门市网点，这些网点主要承担商品的零售，规模一般不大，但经营品种较齐全。除日常零售业务外，还可根据客户的要求将商店经营的品种配齐，或代客户订购一部分本商店平时不经营的商品，然后和商店经营的品种一起配齐送给客户。这种配送是配送中心配送的辅助及补充。商店配送有兼营配送和专营配送两种形式
4	生产企业配送	生产企业配送是生产企业（尤其是进行多品种生产的企业）直接由本企业进行配送而无须再将产品发运到配送中心进行配送的一种形式。生产企业配送由于避免了一次物流中转，所以具有一定优势。但是生产企业（尤其是现代生产企业）往往进行大批量低成本生产，品种较单一，因而不能像配送中心那样依靠产品凑整运输取得优势，实际上生产企业配送不是配送的主体。生产企业配送在地方性较强的产品生产企业中应用较多，如就地生产、就地消费的食品、饮料、百货。在生产资料方面，某些不适于中转的化工产品及地方建材也可采取这种方式

小思考7-3

下列图示各是哪类配送中心？

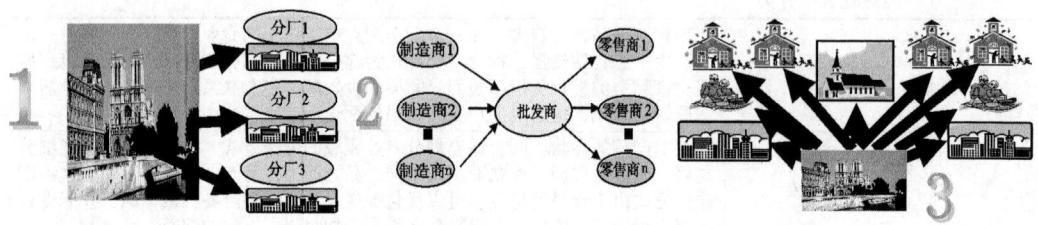

小思考 7-4
商店配送一般采用哪种配送形式？

4. 如何进行合理配送？

(1) 不合理配送的表现

1) 资源筹措不合理。资源筹措不合理的一个表现是没有达到规模效益。配送要利用较大批量筹措资源，通过筹措资源的规模效益来降低资源筹措成本，使配送资源的筹措成本低于用户自己的筹措资源成本，从而取得优势。如果不是集中多个用户需要进行批量筹措资源，而仅仅是为某一两个用户代购代筹，对用户来讲，就不仅不能降低资源筹措费，相反却要多支付一笔配送企业的代筹代办费，因而是不合理的。资源筹措不合理还有其他表现形式，如配送量计划不准、资源筹措过多或过少、在资源筹措时不考虑建立与资源供应者之间长期稳定的供需关系等。

2) 库存决策不合理。配送应充分利用集中库存总量低于各用户分散库存总量，从而大大节约社会财富，同时降低用户实际平均分摊库存负担。因此，配送企业必须依靠科学管理来实现一个低总量的库存，否则就会出现仅仅是库存转移而未解决库存降低的不合理情况。配送企业库存决策不合理还表现在储存量不足，不能保证随机需求，失去了应有的市场。

3) 价格不合理。总的来讲，配送的价格应低于不实行配送时用户自己进货时产品购买价格加上自己提货、运输、进货的成本总和，这样才会使用户有利可图。有时候，由于配送有较高服务水平，价格稍高，用户也是可以接受的，但这不能是普遍的原则。如果配送价格普遍高于用户自己进货价格，损伤了用户利益，就是一种不合理表现。价格制定过低，使配送企业在无利或亏损状态下运行，会损伤销售者，也是不合理的。

4) 配送与直达的决策不合理。配送总是增加了环节，但是这个环节的增加，可降低用户平均库存水平，因此不但抵销了增加环节的支出，而且还能取得剩余效益。但是如果用户使用批量大，可以直接通过社会物流系统均衡批量进货，较之通过配送中转送货则可能更节约费用。所以，在这种情况下不直接进货而通过配送，就属于不合理范畴。

5) 送货中不合理运输。配送与用户自提比较，尤其对于多个小用户来讲，可以集中配装一车送几家，这比一家一户自提可大大节省运力和运费。如果不能利用这一优势，仍然是一户一送，而车辆达不到满载（即时配送过多过频时会出现这种情况），则就属于不合理。此外，不合理运输有若干表现形式，在配送中都可能出现，会使配送变得不合理。

6) 经营观念不合理。在配送实施中，有许多经营观念不合理，使配送优势无从发挥，相反却损坏了配送的形象。这是在开展配送时尤其需要注意克服的不合理现象。例如，配送企业利用配送手段，向用户转嫁资金、库存困难；在库存过大时，强迫用户接货，以缓解自己库存压力；在资金紧张时，长期占用用户资金；在资源紧张时，将用户委托资源挪作他用获利等。

(2) 合理配送的判断标志

1) 库存标志。库存是判断配送合理与否的重要标志。具体指标有以下两方面。

一是库存总量。库存总量在一个配送系统中，从分散于各个用户转移给配送中心，配送中心库存数量加上各用户在实行配送后库存量之和应低于实行配送前各用户库存量之和。此外，从各个用户角度判断，各用户在实行配送前后的库存量比较，也是判断合理与否的标准，某个用户上升而总量下降，也属于一种不合理。库存总量是一个动态的量，上述比较应当是在一定经营量前提下进行。在用户生产发展之后，库存总量的上升则反映了经营的发展，必须扣除这一因素，才能对总量是否下降作出正确判断。

二是库存周转。由于配送企业的调剂作用，以低库存保持高的供应能力，库存周转一般总是快于原来各企业库存周转。此外，从各个用户角度来判断，各用户在实行配送前后的库存周期比较，也是判断合理与否的标志。

为取得共同比较基准，以上库存标志都以库存储备资金计算，而不以实际物资数量计算。

2）资金标志。总的来讲，实行配送应有利于资金占用降低及资金运用的科学化。具体判断标志如下：

①资金总量。用于资源筹措所占用流动资金的总量，随储备总量的下降及供应方式的改变必然有一个较大的降低。

②资金周转。从资金运用来讲，由于整个节奏加快，资金充分发挥作用，同样数量资金，过去需要较长时期才能满足一定供应要求，配送之后，在较短时期内就能达此目的。所以资金周转是否加快，是衡量配送合理与否的标志。

③资金投向的改变。资金分散投入还是集中投入，是资金调控能力的重要反映。实行配送后，资金必然应当从分散投入改为集中投入，以增加调控作用。

3）成本和效益标志。总效益、宏观效益、微观效益、资源筹措成本都是判断配送合理化的重要标志。对于不同的配送方式，可以有不同的判断侧重点。例如，配送企业、用户都是各自独立的以利润为中心的企业，则不但要看配送的总效益，而且还要看对社会的宏观效益及两个企业的微观效益，不顾及任何一方，都必然出现不合理。又如，如果配送是由用户集团自己组织的，配送主要强调保证能力和服务性，那么，效益主要从总效益、宏观效益和用户集团企业的微观效益来判断，不必过多顾及配送企业的微观效益。

由于总效益及宏观效益难以计量，在实际判断时，常以按国家政策进行经营完成国家税收及配送企业和用户的微观效益来判断。对于配送企业而言（投入确定的情况下），企业利润反映配送合理化程度；对于用户企业而言，在保证供应水平或提高供应水平（产出一定）前提下，供应成本的降低，反映了配送的合理化程度。

成本及效益对合理化的衡量，还可以具体到储存、运输具体配送环节，使判断更为精细。

4）供应保证标志。实行配送，各用户的最大担心是害怕供应保证程度降低，这是个心态问题，也是承担风险的实际问题。

配送的重要一点是必须提高而不是降低对用户的供应保证能力，才算实现合理。供应保证能力可以从以下方面判断：

①缺货次数。实行配送后，对各用户来讲，该到货而未到货以致影响用户生产及

经营的次数，必须下降才算合理。

②配送企业集中库存量。对每一个用户来讲，库存量形成的保证供应能力高于配送前单个企业保证程度，从供应保证来看才算合理。

③即时配送的能力及速度。这是用户出现特殊情况的特殊供应保障方式，这一能力必须高于未实行配送前用户紧急进货能力及速度才算合理。

特别需要强调一点，配送企业的供应保障能力是一个科学合理的概念，而不是无限的概念。具体来讲，如果供应保障能力过高，超过了实际的需要，属于不合理。所以追求供应保障能力的合理化也是有限度的。

5) 社会运力节约标志。末端运输是目前运能、运力使用不合理，浪费较大的领域，因而人们寄希望于配送来解决这个问题。这也成了配送合理化的重要标志。

运力使用的合理化是依靠送货运力的规划和整个配送系统的合理流程及与社会运输系统合理衔接实现的。送货运力的规划是任何配送中心都需要花力气解决的问题，而其他问题有赖于配送及物流系统的合理化，判断起来比较复杂。可以简化判断如下：

①社会车辆总数减少，而承运量增加为合理。

②社会车辆空驶减少为合理。

③一家一户自提自运减少，社会化运输增加为合理。

6) 用户企业仓库、供应、进货人力物力节约标志。配送的重要观念是以配送代劳用户。因此，实行配送后，各用户库存量、仓库面积、仓库管理人员应减少才合理；用于订货、接货、供应的人应减少才合理。真正解除了用户的后顾之忧，配送的合理化程度就可以说是高水平了。

7) 物流合理化标志。配送必须有利于物流合理。这可以从以下几方面判断：

①是否降低了物流费用。

②是否减少了物流损失。

③是否加快了物流速度。

④是否发挥了各种物流方式的最优效果。

⑤是否有效衔接了干线运输和末端运输。

⑥是否不增加实际的物流中转次数。

⑦是否采用了先进的技术手段。

物流合理化的问题是配送要解决的大问题，也是衡量配送本身的重要标志。

小思考 7-5

不合理的配送不仅效率低、费用高，而且造成很大的资源浪费。请你讲一讲，如何判断配送的合理化？

(3) 合理配送的措施

1) 恰当设置配送中心。配送中心的数量及地理位置是决定能否取得高效益的前提条件。配送路线的选择、直送或配送的决定都是在配送中心数量、位置已确定的前提下作出的。如果这个前提条件本身有缺陷则很难弥补，所以恰当设置配送中心是取得效益的基础。

2) 加强配送的计划性。在配送活动中，临时配送、紧急配送或无计划的随时配送是经济效益大幅度降低、配送不合理的主要因素。临时配送是因为事前计划不善，未能考虑正确的配装方式及恰当的配送路线，到了临近配送截止日期，则必须安排专车单线进行配送，车辆不易满载，浪费里程也多。紧急配送指为满足紧急订货需要，只要求按时送到货物，来不及认真安排车辆配装及配送路线，从而造成载重及里程的浪费。一般为保证服务水平，不能拒绝紧急配送，但是，如果能认真核查并有调剂准备的余地，紧急配送也可纳入计划而保证其效益。随时配送是指对配送要求不做计划安排，有一次客户需求就送一次，不能保证配装及选择路线，会造成较大浪费。

3）推行一定综合程度专业化配送。物流经理可通过采用专业设备、设施及操作程序，力争取得较好的配送效果并降低配送过分综合化的复杂程度及难度，从而达到配送合理化。

4）推行加工配送。通过加工和配送结合，充分利用本来应有的中转，不增加新的中转就可以取得配送合理化。同时加工借助于配送，加工目的更加明确，和客户联系更紧密，避免了加工的盲目性。两者有机结合，使投资不增加太多就可追求两个优势、两个效益，这是提高配送合理化程度的重要途径。

5）推行共同配送。通过共同配送，可以以最近的路程、最低的配送成本完成配送，从而提高合理化程度和配送的经济效益。尤其当单独配送的配送量较小、车辆不能满载也难于确定最优路线时，采取共同配送方式可大大降低成本，提高效益。

6）推行定时配送系统。定时配送是配送合理化的重要内容。只有及时配送商品，提高供应保证能力，客户才可以放心地实施低库存或零库存，可以有效地安排接货的人力、物力，追求最高效率的工作。从国外的经验看，定时供应配送系统是现在许多企业追求配送合理化的重要手段。

7）推行即时配送。即时配送是大幅度提高供应保证能力的重要手段，是配送企业快速反应能力的具体化，也是企业配送能力的体现。即时配送成本较高，但它是整个配送合理化的重要保证手段。

8）实行双向配送。配送企业与客户建立稳定、密切的协作关系，配送企业不仅成为客户的供应代理人，而且成为客户的储存据点，甚至成为产品代销人。

小链接7-9：美国沃尔玛商品公司的配送中心

美国沃尔玛商品公司的配送中心即维奇公司独资建立，专门为本公司所属的零售门店配送商品。今后，随着经济的发展，大多数自有型配送中心均可转化为公共型配送中心或合作型配送中心。

公共配送中心是以营利为目的面向整个社会后勤服务的配送组织。只要支付服务费，任何用户都可以使用这种配送中心。随着物流业的发展，物流服务将逐步分化独立出来，向社会化方向发展，公用型配送中心作为社会化物流的一种组织形式在国内外迅速普及。

合作型配送中心是由几家企业合作兴建、共同管理的物流企业，多为区域性配送中心。可以是系统内企业之间的合作，如北京粮食系统的800家物流中心。

小链接7-10：日本物流配送业

现代化物流配送是社会化大生产和国民经济发展的客观要求，它的发展状况对经济发展、商品流通和大众消费起着重要的促进或制约作用。日本政府十分注意物流配送基地的建设，考虑其国土面积较少、国内资源和市场有限、商品进出口量大，因而他们在大中城市、港口、主要公路枢纽都对物流设施用地进行了规划，形成了大大小小比较集中的物流团地。在这些物流团地，集中了多个物流企业，如日本横滨港货物中心等，这样便于对物流团地的发展进行统一规划，合理布局。日本横滨港货物中心是日本最大的现代化综合物流中心，仓储面积约为32万平方米，具有商品储存保管、分拣、包装、流通加工以及商品展示、洽谈、销售、配送等多种功能，配备有保税区、办公区、信息管理系统等。其优良的物流设施、完善的功能为物流配送的发展提供了良好的条件。在日本的物流配送企业物流作业中，铲车、叉车、货物升降机、传送带等机械应用程度较高，计算机管理系统应用比较普遍，配置的管理系统投资就达70亿日元。

日本物流配送社会化、组织化、网络化程度比较高。生产企业、商业流通企业并不都是自设仓库等流通设施，而是将物流业务交给专业物流企业去做，以达到减少非生产性投资、降低成本的目的。如日本岗山市的一些企业就把生产需要的原材料和产成品放在专业物流企业的仓库里，交由他们去保管和运送，自己不设仓库。日本菱食公司的配送中心面向1.2万个连锁店、中小型超市和便利店配送食品，他们自己不设配送中心，而全部交由菱食公司的配送中心实行社会化配送，统一采购，而且供货一般都是通过当地的物流配送企业或代理商按需要配送，各大型超市只有很小的周转库，仅保持两三天的销售商品库存。许多物流配送企业的运输车辆等也是根据需要向社会租用，同样是出于减少投资、降低成本的考虑。

日本的大型物流企业比较注重网络的发展。在日本物流配送行业排名第五的日立物流株式会社，1998年总资产达155亿日元，销售收入2040亿日元，毛利43亿日元。它在日本国内设有124个网点，在海外15个国家设有62个网点，在中国的上海和香港都设有合资公司或办事处。由于拥有比较完善的物流配送网络，在发展和承揽业务、满足客户需要、降低物流成本等方面就具有较大优势。

日本的物流配送企业还十分注重不断提高物流服务质量，降低物流成本，增强在市场上的竞争力，注意研究探索物流配送的新技术、新方法，引进美国等国家的物流新技术和先进方法，如引进美国的物流管理软件等。仓库里有可拆卸式货架、移动式商品条码扫描设备等，技术先进，方便实用，物流配送企业中的商品条码和计算机管理系统应用非常普遍，实现了商品入库、验收、分拣、出库等物流作业全过程的计算机管理与控制，提高了效率，加强了管理。日本的流通企业比较注重商品流通中对商品的加工增值服务，按照消费者和客户的需要，对商品进行分拣、包装、拼装，使生产企业或进口的商品更能适合本国客户和消费者的要求。这些流通领域的中间加工作业一般都是在物流配送过程中、在物流企业的仓库中进行。这些中间作业主要包括：商品的分拣、拼配，一般的物流配送企业都有这个功能；改换商品的商标标签，如日本菱光仓库就对进口商品更换日文商标标签，以适合国内销售要求；变更包装，将大规格、大箱包装的商品变成小规格、小箱包装，便于零售，方便顾客。

此外，日本物流配送企业都比较注重降低人工成本，提高劳动效率。如日本辰巳物流株式会社的早岛仓库有两栋仓库，仓储面积总计为2万多平方米，年仓储收入约3亿日元，但全部员工包括经理、货物保管、管理、装卸、文秘等仅有10人，人员少，劳动效率高。日立物流株式会社的千叶仓库客户晚上订的服装，第二天早上就可以送到，最多一天要配送1万多件。菱光仓库株式会社只有90人，每月收发并进行装箱、掏箱、检验、包装等作业的集装箱达200个。这主要得益于日本物流装卸大部分都实现了机械化作业。

目前，我国物流配送业的发展与国外发达国家相比还比较落后，如物流仓储设施和物流装备陈旧、不配套；物流社会化、组织化程度低；缺乏对发展现代物流配送的足够认识等，与我国经济发展水平也不相适应。因此，有必要学习、借鉴发达国家的经验，抓住时机，加快我国物流配送业的发展。

1）重视商品物流配送，把发展现代物流配送作为促进经济发展和商品流通的重要推动力。

2）加快我国物流配送设施的发展与建设，积极进行物流配送中心的技术改造。

3）努力提高我国商品物流的社会化、组织化、专业化程度。

4）加快我国物资、商业批发企业的转型改造，完善物流配送功能。

5）注重开发物流配送技术和装备，降低物流成本，提高物流配送效率。

6）积极引进外资，推动中外合资物流配送企业的发展。

小链接7-11：便利店的物流配送管理

继生产管理和营销管理外，物流管理因其能大幅度降低成本和各种与商品流动相关的费用，从而成为连锁企业创造利润的第三大源泉。全球最大的连锁便利店7-11就是通过其集中化的物流管理系统成功地削减了相当于商品原价10%的物流费用。目前，它共设立23000个零售点，业务遍及四大洲20个国家及地区，每日为接近3000万顾客服务，75年来一直稳居全球最大连锁便利店的宝座。

日前，7-11与广州地铁二号线全面合作，在地铁二号线首期开通的9个站内同时开张9家店铺。至此，7-11在中国南部地区总店达到127家，其中广州91家，深圳36间。在扩张的同时，7-11先进的物流管理系统也一并在中国蔓延，从而为其带来了另一个利润增长点。

物流路径集约化。事实上，对零售业而言，中国目前物流服务水准或多或少在短期内是由处于上游的商品生产商和经销商来决定的，要改变他们的经营意识和方法无疑要比企业自身的变革困难、复杂并漫长。这种情景与当初日本7-11在构筑物流体系所处的环境类似。为此，7-11改变了以往由多家特约批发商分别向店铺配送的物流经营方式，转为由各地区的窗口批发商来统一收集该地区各生产厂家生产的同类产品，并向所辖区内的店铺实行集中配送。

设立区域配送中心。对于盒饭、牛奶等每日配送的商品，各产品窗口企业向各店铺的配送费用依然很高。对于这一点，7-11开始将物流路径集约化转变为物流共同配送系统，即按照不同的地区和商品群划分，组成共同配送中心，由该中心统一集货，再向各店铺配送。地域划分一般是在中心城市商圈附近35km，其他地方市场为方圆60km，各地区设立一个共同配送中心，以实现高频度、多品种、小单位配送。实施共同物流后，其店铺每日接待的运输车辆数量从70多辆下降为12辆。另外，这种做法令共同配送中心充分反映了商品销售、在途和库存的信息，7-11逐渐掌握了整个产业链的主导权。在连锁业价格竞争日渐犀利的情况下，7-11通过降低成本费用，为整体利润的提升争取了相当大的空间。

量身打造物流体系。经营规模的扩大以及集中化物流体制的确立虽然由7-11主导，但物流体系的建设却是由合作生产商和经销商根据7-11的网点扩张，根据其独特的业务流程与技术而量身打造的。这些技术有订发货在线网络、数码分拣技术、进货车辆标准化系统及专用物流条形码技术等。在日本，7-11的点心配送都是由批发商A公司承担。起初，它们利用自己的一处闲置仓库为7-11从事物流活动，并安排了专门的经营管理人员。但随着7-11的急剧扩张，A公司为了确保它的商品供应权，加大了物流中心的建设和发展，在关东地区建立了四大配送中心。每个配送中心为其临近的500家左右店铺配送所有点心，品种大概是650~700个。每天早上，8~10点半从生产企业进货，进货的商品在中午之前入库。为了保证稳定供货，每个配送中心拥有4天的安全库存，在库水准根据销售和生产情况及时补充。中午11点半左右配送中心开始安排第二天的发货，配送路线、配送店铺、配送品种、发货通知书等及时地打印出来，交给各相关部门。同时，通过计算机向备货部门发出数码备货要求。

设置配送流程以分钟计算。从一个配送小组的物流活动时间看，一个店铺的备货时间大约要65s，货运搬运时间大约花费5~6min，从分拣到结束需要15min，所有170~180个店铺要4个多小时，即整个物流活动时间大约为4个小时（不算货车在配送中心停留等待出发的时间）。货车一般在配送中心停留一晚，第二天早上4点半到5点半，根据从远到近的原则配送到各店。最早一个到店的货车时间应该是上午6点钟，运行无误的话，店铺之间的运行为15min的距离，加上15min的休息时间，每个店铺商品配送需要的时间为半个小时。也就是最迟在早上9点半或10点半左右，完成所有店铺的商品配送任务。从每辆车的配送效率看，除了气候特殊原因，平均每辆车配送商品金额为75万日元，装载率能稳定达到80%。配送中心每月平均商品供应为50亿日元，相当于为每个店铺供应100万元的商品。货车运行费用每天为2.4万日元，相当于供应额的3.2%，处于成本目标管理值3.0%~3.5%，为7-11压缩了大量的物流成本。

现在，7-11已经实现一日三次配送制度。其中包括一次特别配送，即当预计到第二天会发生天气变化时对追加商品进行配送。这些，使7-11及时向其所有网点店铺提供高鲜度、高附加值的产品，从而为消费者提供了更便利、新鲜的食品，实现了与其他便利店的经营差异化。

小链接7-12：条烟自动分拣机

条烟自动分拣机是由传送带和许多个排列在传送带侧面的条烟自动分拣单元组成，每一个自动分拣单元至少由两个传送机构和一个推出机构组成，其中一个传送机构水平布置或与水平面倾斜一个很小的角度布置，另一个传送机构垂直布置或与垂直面倾斜一个很小的角度布置，该自动分拣单元中还有一个滑道与分拣机的传送带相接。该分拣机能够将多品种并且每一品种密集叠放的条烟高速、自动地分离并取出，不需人工参与。

小链接 7–13：各国配送中心特点比较（见表 7–15）

表 7–15 各国配送中心特点比较

项目	日本	美国	加拿大	中国 上海	中国 台湾
产生原因	消费市场发达，多批次小批量，仓库周转加快，物流成本上升，城市交通阻塞，环境污染等				
特色功能	战略功能、控制功能、应变功能	服务功能	服务功能		
网点布局设施设备	合理选址、规模适中、自动分拣、无线通信	立体仓库、环保设施、机械化与半自动化设备	大型单层、自动分拣、自动打包	立体货架、高架叉车	中小规模平房、仓库本地化设备
管理特点	网络管理严格的制度	网络化信息处理系统、明确的服务范畴和区域	计算机管理条码技术	开发中的计算机管理与条码技术	结合本地特点吸收经验、重视人才培养
发展趋势	无纸化、无人化	全球化战略区域性贸易		多功能、信息化优质服务	从整合到聚焦

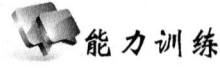 能力训练

1. 案例分析

1）我国香港特别行政区是一个国际大都市，是国际金融中的贸易中心、服务中心。香港回归祖国以来，进一步强化了这一地位。

香港之所以被誉为"东方之珠"，其中一个重要原因是有赖于物流业的发展。而香港物流的平稳发展完全得益于以下八个方面。

①拥有世界级的基础设施和懂"两文三语"的 IT 人才。香港拥有世界级的基础设施，又与制造业发达的珠江三角洲联系紧密，所以香港物流业的潜力无限。香港的 IT 人才，除了懂"两文三语"（两文：中文、英文；三语：普通话、英语、粤语）外，还熟悉内地的经营环境，有良好的法治意识。

②地利优势和税率低。地利优势方面，香港在北上和南下上所花的时间较其他地区短，且大部分工厂北移，所空置出来的商厦增加，其租金成本与新加坡相若。其次，香港主管级的住宅租金与我国上海及新加坡相比也不会过于昂贵。另外，香港不征收消费税，加上税率低，大部分设备成本比邻区低 10%~25%。

③通信网运作成本相当低。无论是长途电话，还是专用电信网络，香港的通信网运作成本相当低。香港为亚太区重要的商贸中心，拥有强健的金融构架及完善的司法制度，资金可以自由进出，有逾 900 个国际企业在香港设立总部。因此，香港有优势成为

亚太区的供应链管理枢纽。

④政府的强有力支持是自由港发展的前提。在今日竞争日益剧烈的经济环境中，政府有必要制定统一的物流政策，使物流朝高科技、系统完善及效率高的方向发展，以控制成本及提高竞争力。特区政府成立了促进物流发展的物流发展局，并根据物流发展局的意见，已经把发展数码贸易运输网络这个电子资讯平台的建设纳入研究课题。特区政府为提高香港作为亚洲运输及物流枢纽的地位，还在北大屿山选址发展现代化物流园，同时，加大香港的通信和基础设施建设。

⑤拥有完善的海、陆、空运输设施和配套设备。香港拥有全世界最繁忙的集装箱码头。在海运方面，约80家国际集装航运公司每星期提供400条航线，开往全球500多个目的地。在空运方面，66家国际航空公司每星期提供约3800班定期航机由香港飞往全球130多个目的地。现在，香港国际机场采用先进设备和双跑道设计，以应付日益繁重的运输量。在港口方面，9号码头第一期将投入服务，工程完工后，该码头将拥有四个深水及两个驳船泊位，容量将不少于260万个标准箱。而且也开始了10号码头的可行性研究。陆路建设方面，特区政府正加紧建设公路，连接机场及各港口到港内各区。此外，特区政府还积极兴建后海湾通往深圳及蛇口的跨海大桥、连接青衣岛至长沙湾工业区的9号干线等。

⑥完善的软件体系。香港在软件配套方面，拥有相对完善、为外国商家信任的法律体制，具备优质的国际性金融和保险服务；而港务、运输等行业也具有富有专业精神的24小时制的各式客户服务。香港的各类配套设施、物流服务、货柜码头的服务效率及素质，均属国际水准。在软件环境方面，与物流有关的资讯科技、网站，甚至软件物流供应链管理设计公司，都有不同程度的参与。

⑦对物流人才的重视。为适应物流业的快速发展、提高物流人才素质，香港物流专业协会要积极引进国际认可的物流从业人员专业资格评审机制，还为进修物流课程的在职人士提供资助，以便提升香港物流业的整体技术水平，适应物流业日新月异的需要。

⑧区位优势是香港成为内地最大贸易伙伴的必然条件。包括港澳在内的珠江三角洲地区，目前已成为举世瞩目的强大制造中心，并正在向服务业、高增值行业转型，力求成为区内的物流枢纽，为内地及整个东南亚地区提供服务。

香港是内地最大的贸易伙伴，内地也是香港转口货物的最大市场兼主要来源地，香港约有90%的转口货物是来自内地或以内地为目的地。

目前，部分物流企业已经在内地以合资的形式成立公司，还有超过10万家香港公司在内地采购。凭着香港拥有的一流运输设施和交通网络、全球首屈一指的航空货运中心地位，加上珠江三角洲的强大生产能力，两地结伴合作可以发展成为连接内地与世界市场的物流枢纽。

分析题
①香港为什么能成为亚太地区乃至世界的物流中心？
②香港物流业发展中哪些方面值得内地借鉴？
③香港对物流业人才的重视主要体现在（　　）。

A. 引进国际认可的物流从业人员专业资格评审机制

B. 为进修物流课程的在职人员提供资助

C. 重视 IT 专才

D. 重视两文三语人才

④香港政府支持物流业主要表现在（　　）。

A. 每星期提供 400 条航线的国际运输

B. 政府制定统一的物流政策

C. 支持研究建设《数码贸易运输网络》

D. 建设北大屿山现代化物流园

⑤香港转口货物的最大市场主要来源地是（　　）。

A. 美国　　　　B. 日本　　　　C. 内地

⑥香港成为世界物流枢纽的主要优势是（　　）。

A. 专业人才集中，人才素质高　　B. 通信网络运作成本低

C. 政府强有力支持　　　　　　　D. 港口城市

⑦香港物流业软件体系非常完善主要体现在（　　）。

A. 相对完善的法律体系

B. 优质的国际性金融、保险服务

C. 24 小时制的各式客服

D. 无偿提供服务的物流供应链管理设计公司

2）美国机械公司是一家以机械制造为主的企业，该企业长期以来一直以满足顾客需求为宗旨。为了保证供货，该公司在美国本土建立了 500 多个仓库。但是仓库管理成本一直居高不下，每年大约有 2000 万美元。所以该公司聘请一调查公司做了一项细致调查，结果为：以目前情况，如果减少 204 个仓库，则会使总仓库管理成本下降 200 万～300 万美元。但是可能会造成供货紧张，销售收入会下降 20%。

请问：

①如果你是企业总裁，你是否会依据调查公司的结果减少仓库？为什么？

②如果不这样做，你又如何决策？

2. 模拟操作

1）完成开篇布置的任务。

2）有一销售企业，主要对自己的销售点和大客户进行配送，配送方法为销售点和大客户一有需求就立即组织装车送货，结果经常造成送货车辆空载率过高，同时往往出现所有车都派出去而其他用户需求满足不了的情况。所以销售经理一直要求增加送货车辆，由于资金原因一直没有购车。

试想：

①如果你是公司决策人，你会买车来解决送货效率低的问题吗？为什么？

②试用配送的知识分析该案例，并提出解决办法。

3）梅林正广和配送系统。

2000 年 2 月 22 日下午，上海新闸路 1124 弄的一户人家拨通"85818"电话，报出

自己在正广和购物网络的用户编号,要求订购两桶纯净水和一袋免淘米,并说明第二天上午家里留人,支付水票。几秒钟之内,这份订单被接线员输入正广和的计算机系统,系统根据用户编号从数据库中调出用户住址,再根据地址和送货时间自动把这份订单配置到第二配送站次日上午的送货单。当天晚上9时,正广和销售网络第二配送站里,经理准时打开计算机,接收从总部传过来的送货单。这份送货单的用户全部在第二配送站的辖区之内,送货时间是23日上午,用户地址、电话、编号、所需货物、数量、应收款等已经被清楚地列出来。几乎与此同时,一份相同的送货单也传到公司配送中心和运输中心。第二天一大早,运输中心派出车辆,到配送中心仓库提出已配好的货物,发往第二配送站。第二配送站墙上贴着一张辖区详细到门牌号的地图,签收完货物后,经理根据这张地图和自己的经验排好送货路线,把上午的送货单分派给7个送货工人。整个上午,这些揣着送货单的工人蹬着有"梅林正广和"和"85818"字样的三轮车,在辖区的弄堂里出出进进,完成送货到家的"最后一公里"。

中午12时30分,所有工人送货和收款的情况被汇总成表,由第二配送站的计算机传送至总部。个别没有送到的,汇总表中的"原因"一栏会被注明"01""02",分别代表"地址错误""家中无人"等。当天收回的水票和现金也交至总部结算。根据这些信息,总部再决定是否有必要给配送站及时补货。

第二配送站有4名职能管理人员、7名送货工人、1辆小货车和7辆三轮车,房屋月租金7000元,每天要送出大桶纯净水300多桶、袋装米30多包,还有饮料、冷饮、鲜花、罐头等其他几十种物品。在正广和遍布上海的大约100个配送站里,第二配送站的规模算是中等。据说,每个配送站的年利润都在15万~20万元。

3个配送中心、100个配送站、200辆小货车、1000辆三轮车、1000名配送人员,构成了正广和在上海的整个配送网络。这个号称上海市区"无盲点"的网络组织严密而有序,截至1999年年底,上海市已经有60万户市民依靠这个配送网完成日常饮水和其他日用消费品的采购。

问题:请绘出梅林正广和配送系统的工作流程图。

任务八　物流信息管理

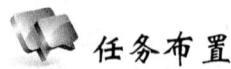 **任务布置**

小王从某职业技术学院的物流管理专业毕业后进入上海海烟物流配送中心工作。上海海烟物流配送中心占地 66667m²，建筑面积 37000 m²。海烟的卷烟物流在头一天工作日的中午 12 点前接收客户订单之后，ERP 系统查询存量、核对订单、进行订单匹配，再由 WMS 下达拣选任务，14 点开始拣选作业，22 点拣选结束。然后出口装车，在 GIS、GPS 的引导下将卷烟准确送达客户手中，从未出错。小王了解到，上海海烟物流的配送之所以能如此高效准确，原因是多方面的，这其中也有完善的物流信息管理所起的作用。"没有信息化，就没有上海海烟今天的业务"。所以小王为了尽快熟悉工作，赶紧去温习有关物流信息管理方面的相关知识。

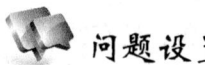 **问题设置**

1. 什么是物流信息？它有什么特点？它在物流运作中有什么作用？它有哪些种类？
2. 物流信息管理包括哪些内容？怎样进行物流信息管理？

 问题解答

1. 什么是物流信息？它有什么特点？它在物流运作中有什么作用？它有哪些种类？

（1）什么是物流信息？

信息是客观世界中各种事物状况及其特征的反映，是事物之间相互联系的表征，它包括各种消息、情报、资料、信号，更包括语言、图像、声音等多媒体数据。通俗讲，信息是人们关心的事物的情况。也就是说，某个事物的情况只有对人们的行为或思维产生影响，才可称为"信息"。

物流信息（Logistics Information）指反映物流各种活动内容的知识、资料、图像、数据、文件的总称（GB/T 18354—2006）。从狭义角度来看，物流信息是指与物流活动有关的信息。从广义角度来看，物流信息不仅指与物流活动有关的信息，而且包含与其他流通活动有关的信息，如商品交易信息和市场信息。显然广义的概念是从整个供应链的角度来定义物流信息，从产生商品实体流动开始一直到结束，一切与之有关的信息都属于物流信息。

小链接 8-1：关于信息如是说
1) 信息可能只是一个结果。
2) 信息可能决定过程。
3) 信息总落后于事实。
4) 信息通常只在某一时刻或时段内有用。
5) 信息的价值体现在决策过程中。
6) 并非所有信息都可以对外开放。

小思考 8-1

想一想下列两句话对吗？
1) 加工后的数据才是信息。
2) 数据对某人是信息，对其他人可能就不是信息了。

小思考 8-2

请问：在图 8-1 的制造企业物流过程中，物流信息是如何流动的？

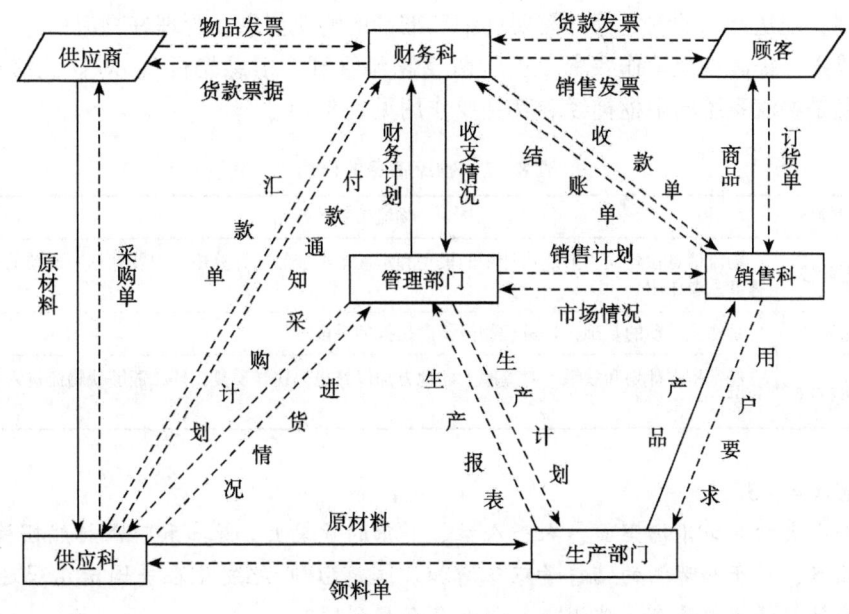

图 8-1　制造企业物流过程

（2）物流信息有什么特点？

物流信息与其他信息相比具有以下特点：

1) 信息量大。物流信息随着物流活动以及商品交易活动展开而大量发生，多品种少批量生产和多频率小数量配送使库存、运输等物流活动的信息大量增加。

2) 更新快。多品种少量生产、多频率小数量配送、利用 POS 系统及时销售使得各种作业活动频繁发生，从而要求物流信息不断更新，而且更新的速度越来越快。此外，物流信息动态性强，实时性高，信息价值衰减速度快，时效性强。因而对信息管理的及时性和灵活性提出了很高的要求。

3) 来源多样化。物流信息不仅包括企业内部的物流信息（如生产信息、库存信息等），而且包括企业间的物流信息和与物流活动有关的基础设施的信息。物流信息的产生缘于物质实体的"位移"，与整个物流活动密切相关，涉及原材料供应商、企业生产制造商、中间环节的批发商和零售商，以及最终消费者市场（客户）流通的全过程，物流信息种类多、来源广，使得物流信息的搜集、分类、筛选、统计、研究等工作的难度增加。

4) 趋于标准化。由于物流信息种类多，不仅本系统内部各个环节有不同种类的信息，且与其他系统（如生产系统、供应系统）密切相关，企业竞争优势的获得需要供应链各参与企业之间相互协调合作。协调合作的手段之一是信息及时交换和共享。随着信息处理手段电子化，要求物流信息标准化。

(3) 物流信息在物流运作中有什么作用？

物流信息是物流系统中最重要的组成部分，物流信息化是现代物流与传统物流主要区别之一。物流信息在整个物流运作中起着十分重要的作用，物流作业活动的效率离不开物流信息的支持，工具的选择、运输线路的确定、在途货物的跟踪、订单的处理、库存的控制、配送计划的制定等都需要详细和准确的物流信息。管理好物流信息，可以降低物流成本、提高物流运作效率。正所谓"物流管理，信息先行"。对物流活动来说，物流信息是物流系统的中枢神经。其主要作用见表 8-1。

表 8-1 物流信息的作用

发挥作用领域	物流信息的作用
物流计划阶段	物流信息在建立长期战略计划的模型和掌握本期成绩的计算中，以及计划和成绩的对比中发挥着重要作用
物流实施阶段	是物流活动的基础，是进行物流调度指挥的手段
物流评价阶段	经常检查计划和效果，对差距大的地方加以修正，这样反复循环，能够使物流进入更合理的状态

小思考 8-3

在一个大的超级市场里面，人来人往。一角的货架上，尿布和啤酒赫然摆放在一起出售。而且，尿布和啤酒的销售量双双增加。这是 20 世纪发生在美国沃尔玛连锁超市的真实事件。请问：尿布 + 啤酒 = ？你是怎么想到的？

小思考 8-4

请问：在生产物流过程中、在仓储过程中所对应的信息是怎样流动的？

(4) 物流信息有哪些种类？

物流信息的种类很多，主要见表 8-2。

表8-2 物流信息的种类

划分角度	类别	含义
按来源分	外部信息	这是指本系统以外的信息来源,它通常有一定的相对性。从物流系统来看,外部信息可包括物质生产部门、物质消费部门、各机关以及国内外市场等信息
	内部信息	指来自物流系统内部的各种信息的总称。这些信息常是协调系统内部人、财、物活动的重要依据,它也具有一定的相对性
按沟通联络方式分	口头信息	通过面对面的交谈进行信息交流。它可以迅速、直接地传播,但也容易失真,与其他传播方式相比速度较慢
	书面信息	这是保证物流信息的内容不变,并可以重复说明和进行检查的一种重要手段。各种物流环节中,数量的报表、文字说明、技术资料等都属这类信息
按变动程度分	固定信息	这种信息通常具备相对稳定的特点。下述三种形式的信息都是物流固定信息:①物流生产标准信息;②物流计划信息;③物流查询信息
	流动信息	指物流系统中经常发生变动的信息,这种信息以物流各作业统计信息为基础。例如,某一时刻物流任务的实际进度、计划完成情况、各项指标的对比关系等
按作用分	计划信息	指尚未实现但已当做目标确认的信息
	作业信息	指物流活动过程中发生的、反映物流活动动态的信息
	统计信息	指物流活动结束后总结归纳的信息
	支持信息	指能对物流活动有影响或有关的信息
按加工程度分	原始信息	指未经加工的信息
	加工信息	指对原始信息进行各种方式、各个层次处理后的信息
按活动领域分	运输信息	物流各个分系统、各个不同功能要素领域,由于物流活动性质不同,所产生和提供的信息也不同
	储存信息	
	配送信息	
	包装信息	
	集装箱信息	

小链接8-2

中华人民共和国国家标准《物流信息分类与代码》(GB/T 23831—2009)把物流信息按业务的属性分为以下6大类、58子类:物流综合管理信息、物流业务信息、物流作业信息、物流设施设备信息、物流技术信息、物流安全信息。

小思考8-5

有人说:"物流信息流有两类,一类是伴随物质实体的'位移'而产生的,另一类是先于物质实体的'位移'而产生的"。你同意吗?请例证。

2. 物流信息管理包括哪些内容?怎样进行物流信息管理?

(1)物流信息管理包括哪些内容?

物流信息管理是指运用计划、组织、指挥、协调、控制等基本职能对物流信息搜集、检索、研究、报道、交流和提供服务的过程,并有效地运用人力、物力和财力等基本要素以期达到物流管理的总体目标的活动。其内容主要如下。

1) 信息政策制定。为了实现不同区域、不同国度、不同企业、不同部门间物流信息的相互识别和利用,实现物流供应链信息的通畅传递与共享,必须确定一系列共同遵守和认同的物流信息规则或规范,这就是物流信息政策的制定,如信息的格式与精度、信息传递的协议、信息共享的规则、信息安全的标准、信息存储的要求等,这是实现物流信息管理的基础。

2) 信息规划。即从企业或行业的战略高度出发,对信息资源的管理、开发、利用进行长远发展的计划,确定信息管理工作的目标与方向,制定出不同阶段的任务,指导数据库系统的建立和信息系统的开发,保证信息管理工作有条不紊地进行。

3) 信息收集。即应用各种手段、通过各种渠道进行物流信息的采集,以反映物流系统及其所处环境情况,为物流信息管理提供素材和原料。

信息收集是整个物流信息管理中工作量最大、最费时间、最占人力的环节,操作时注意把握以下要点:首先,收集前要进行信息的需求分析;其次,收集工作要具有系统性和连续性;再次,要合理选择信息源;最后,信息收集过程的管理工作要有计划。

4) 信息处理。信息处理工作,就是根据使用者的信息需求,对收集到的信息进行筛选、分类、加工及储存等活动,加工出对使用者有用的信息。

信息处理的内容主要有:信息分类及汇总、信息编目(或编码)、信息储存、信息更新、数据挖掘。

5) 信息传递。信息传递是指信息从信息源发出,经过适当的媒介和信息通道传输给接收者的过程。

6) 信息服务与应用。服务与应用是物流信息资料重要的特性,信息工作目的就是将信息提供给有关方面使用。物流信息的服务工作主要内容有:信息发布和传播服务、信息交换服务、信息技术服务和信息咨询服务。

(2) 怎样进行物流信息管理?

对物流信息进行管理是通过基于物流信息技术的物流信息系统来实现。

1) 物流信息技术。按物流信息的使用流程、作用,物流信息技术可分为物流信息采集技术、物流信息传输技术、物流信息加工技术、物流信息跟踪技术以及物流信息存储技术五大类(见表8-3。可参考:李颖,等. 物流信息技术与应用 [M]. 北京:机械工业出版社,2014.)。

表8–3 物流信息技术的种类

类别	名称	简单描述
信息采集技术	条码技术	利用光电原理对作为标识物品载体的条形码符号自动识别并采集到计算机的技术（见表8–4）
	射频技术	电子标签作为标识物品的载体通过无线电波被阅读器自动识别的技术
	POS技术	"销售时点信息系统"（Point of Sale）
	光学字符识别技术	利用光学原理将被识别字符自动识别成图像，再利用文字识别技术将图像转化为文字的计算机输入技术
	磁卡技术	利用附着在卡片上的磁性材料对需要采集的信息进行自动读入或写出的技术
	智能卡技术	通过嵌在塑料卡片上的微型集成电路芯片实现数据读写或存储的自动识别与数据采集技术
	光卡技术	需要识别的信息记录在光卡上，与条形码技术类似，利用光电原理对光卡进行自动识别的技术
	视觉识别技术	通过特征抽取和分析技术，能自动识别获取视觉图像中限定的标志、字符，视觉图像中限定的标志、字符、编码结构或呈现在图像内的其他特征
	声音识别技术	将人类语音转换为电子信号，然后将这些信号自动输入到具有规定含义的编码模式中，转换为一种计算机可以识别的形式的技术
信息传输技术	计算机网络技术	利用通信设备和线路将地理位置不同的、功能独立的多个计算机系统互连起来，以功能完善的网络软件（即网络通信协议、信息交换方式、网络操作系统等）实现网络中资源共享和信息传递的系统
	EDI技术	即电子数据交换，是指通过电子方式，采用标准化的格式，利用计算机网络进行结构化数据的传输和交换
	EOS技术	即电子自动订货系统，指不同组织间利用通信网络和终端设备进行订货作业与订货信息交换的体系
信息加工技术	WMS	即仓储管理信息系统，是为提高仓储作业和仓储管理活动的效率，对仓库实施全面地系统化管理的计算机信息系统
	TMIS	即运输管理信息系统，主要指利用计算机网络等现代信息技术，对运输计划、运输工具、运送人员及运输过程的跟踪、调度指挥等管理业务进行有效管理的人机系统
	3PLS	即第三方物流管理信息系统，是为现代物流企业提供的、以物流信息管理为核心的现代化物流管理平台，以实现客户、供应商和物流公司信息充分共享、业务流程自动化

续表

类别	名称	简单描述
信息跟踪技术	GIS 技术	即地理信息系统，是以地理空间数据为基础，对空间相关数据进行采集、管理、操作、分析、模拟和显示，并采用地理模型分析方法，为地理研究和地理决策服务而建立起来的计算机技术系统
	GPS 技术	即全球定位系统，是利用 GPS 定位卫星和地面站为全球提供全天候、高精度、连续、实时的三维坐标（纬度、经度、海拔）、三维速度和定位信息的系统
	EPC 技术	即产品电子代码，是在全球统一标识系统（EAN. UCC 系统）和计算机互联网的基础上，利用射频识别技术（RFID）、无线数据通信等技术，给每一个实体对象一个唯一的代码，构造的一个覆盖世界上万事万物的实物互联网，通常简称为"物联网"或"RFID 物流网络"
信息存储技术	数据库技术	是存放在计算机存储设备中的、以一种合理的方法组织起来的、与公司或组织的业务活动和组织结构相对应的各种相关数据的集合
	CMS	即客户关系管理（Customer Relationship Management），是指企业用 CRM 技术来管理与客户之间的关系

表 8–4　条形码的基本种类

划分角度	类别	含义
按使用目的分	商品条形码	以个体商品为单位，直接为商品销售和商品管理服务的条形码，由 13 位数字组成
	物流条形码	以集合包装商品为单位，直接为商品出入库、运输、保管、分拣等物流作业服务的条形码。由 14 位数字组成，即在 13 位商品条形码前加 1 位物流识别代码
按所含信息量分	一维条形码	只在一个方向上通过"条"与"空"的排列组合来存储、识别信息，一般只能容纳 20 个文字的信息。在使用过程中仅作为识别信息，它是通过在计算机系统的数据库中提取相应的信息而实现的
	二维条形码	是一种在水平方向和竖直方向均带有信息的条码，以"面"来存储、识别信息，可容纳 2000 个左右文字的信息，它储存信息量大，耐损性强，可靠性高，保密、防伪性强。它能够把过去使用一维条形码时存储于后台数据库中的信息包含在条码中，可以直接通过阅读条码得到相应的信息，并且二维条形码还有错误修正技术及防伪功能，增加了数据的安全性。它可把汉字、照片、指纹编制于其中，可有效地解决证件的机读和防伪问题，可广泛应用于护照、身份证、行车证、军人证、健康证、保险卡等。现已应用在国防、公共安全、交通运输、医疗保健、工业、商业、金融、海关及政府管理等多个领域

小链接 8–3

最早被打上条形码的产品是箭牌口香糖。1974 年 6 月 26 日俄亥俄州特罗伊城玛西超市被打上条形码的箭牌口香糖售价 67 美分，现存华盛顿史密斯美国历史博物馆。

小链接 8–4：物流条形码和商品条形码的区别（见表 8–5）

任务八 物流信息管理

表8-5 物流条形码和商品条形码的区别

	数字构成	标志意义	服务领域	信息容量	标准维护	应用领域
商品条码	13位数字	最终消费品消费单元上的标识，通常是单个商品的唯一标识	消费环节	长度固定，信息容量少	标准无须增减、更新，便于维护	POS系统、补充订货管理
物流条码	14位数字	储运单元（或物流单元）的唯一标识，通常是标识多个或多种商品的集合，粘贴于商品的运输包装（又称大包装或外包装）上	物流各环节	长度可变，信息容量多	标准不断增减、更新，维护难度大	出入库管理、运输保管、分拣管理

小链接8-5：二维码与一维码的区别（见表8-6）

表8-6 二维码与一维码的区别

	二维码	一维码
显示内容	可直接显示英文、中文、数字、符号、图形	可直接显示内容为英文、数字、简单符号
储存数量	储存数据量大，可存放1KB字符，可用扫描仪直接读取内容，无须另接数据库	储存数据不多，主要依靠计算机中的关联数据库
保密性	保密性高（可加密）	保密性能不高
抗损性	安全级别最高时，损污50%仍可读取完整信息	损污后可读性差

小链接8-6：二维条码产生的背景

一维条码自出现以来，得到了人们的普遍关注，发展速度十分迅速。它的使用，极大地提高了数据采集和信息处理的速度，提高了工作效率，并为管理的科学化和现代化做出了很大贡献。但由于受信息容量的限制，一维条码仅仅是对物品的"标识"，而不是对物品的"描述"，故一维条码的使用，不得不依赖数据库的存在。在没有数据库和不便联网的地方，一维条码的使用受到了较大的限制，有时甚至变得毫无意义。另外，要用一维条码表示汉字的场合，显得十分不方便，且效率很低。现代高新技术的发展，迫切要求用条码在有限的几何空间内表示更多的信息，从而满足千变万化的信息表示的需要。二维条码正是为了解决一维条码无法解决的问题而产生的。因为它具有高密度、高可靠性等特点，所以可以用它表示数据文件包括汉字文件、图像等。二维条码是大容量、高可靠性信息实现存储、携带并自动识读的最理想的方法。

小链接8-7：条形码在物流中的应用

1) 单证：公文单证、订购单、报关单、商业单证。
2) 证照：护照、身份证、挂号证、驾驶执照、会员证、识别证。

3）仓储盘点：物流中心、仓储中心等的物品盘点。

4）物品追踪：会议资料、生产零件、客户服务、邮购运送、维修记录、危险物品、后勤补给、生态研究。

5）资料保密：商业机密、政治情报、军事机密、私人信函。

小链接8-8：射频技术（RFID/RF）与条码技术（CD）的比较（见表8-7）

表8-7 射频技术与条码技术的区别

	信息载体	信息量	读/写性	读取方式	保密性	智能化	抗干扰能力	寿命	成本
RFID	E^2PROM（电可擦除ROM）	大	读/写	无线通信	好	有	很好	最长	较高
条码	纸、塑料薄膜、金属表面	小	只读	激光束扫描	差	无	差	较短	低

小链接8-9：射频技术的应用

RFID已广泛应用到物流的各个环节。RFID技术适用于物料跟踪、运载工具、仓库货架以及其他目标的识别等要求非接触数据采集和交换的场合，还可用于生产装配线上的作业控制。由于RFID标签具有可读写能力，对于需要频繁改变数据内容的场合尤为适用。它发挥的作用是数据采集和系统指令的传达，广泛用于供应链上的仓库管理、运输管理、生产管理、物料跟踪、运载工具和货架识别、商店（特别是超市）商品防盗等场合。RFID在物流中的应用非常广泛。

1）RFID在仓储管理中的应用。在仓库里，射频技术最广泛的使用是存取货物与库存盘点，它能用来实现自动化的存货和取货、商品的登记等操作。在整个仓库管理中，通过将供应链系统制定的收货计划、取货计划、装运计划等与射频识别技术相结合，能够高效地完成各种业务操作，如指定堆放区域、上架/取货与补货等。这样，不仅增强了作业的准确性和快捷性，提高了服务质量，降低了成本，节省了劳动力和库存空间，同时减少了整个物流中由于商品误置、送错、偷窃、损害以及库存、出货错误等造成的损耗。

2）RFID在运输管理中的应用。在运输管理中，在途运输的货物和车辆通过贴上RFID标签（例如，将标签贴在集装箱和装备上）由射频识别来完成设备与跟踪控制。RFID接收转发装置通常安装在运输线的一些检查点上（如门柱上、桥墩旁等），以及仓库、车站、码头、机场等关键地点。接收装置收到RFID标签信息后，连同接收地的位置信息上传至通信卫星，再由卫星传送给运输调度中心，输入数据库中进行下一步分析。

3）RFID在配送管理中的应用。在配送环节，采用射频技术能大大加快配送的速度，提高拣选与分发过程的效率与准确率，并能减少人工、降低配送成本。

到达中央配送中心的所有商品都贴有RFID标签，在进入中央配送中心时，托盘通过一个门式阅读器，读取托盘上所有货箱上的标签内容。系统将这些信息与发货记录进行核对，以检测出可能的错误，然后将RFID标签更新为最新的商品存放地点和状态。

这样就确保了精确的库存控制，甚至可以确切了解目前有多少货箱处于转运运途中、转运的始发地和目的地，以及预期到达的时间等信息。

小链接 8 – 10：中国 EDI 专用网（CHINAEDI）

中国公用电子数据交换业务网（CHINAEDI）是面向社会各行业的公用 EDI 网络。由 13 个 EDI 节点组成，提供信箱总容量为 3 万个。在全国 3 个大城市设立了 EDI 服务中心，为用户提供单证开发、技术培训、系统集成服务，可作为专用 EDI 网的公共转接和交换中心。

CHIANEDI 具有多种 EDI 标准格式的转换功能，支持中文报文，提供信箱管理、存储转发、用户检索以及文件跟踪、确认、防篡改、防冒领等 EDI 通信的安全功能。目前，CHINAEDI 应用范围涉及电子报关、电子报税、银行托收、港口集装箱运输、铁路货运，以及制造业、商业订单等。

小链接 8 – 11：GPS 技术在物流中的应用

GPS 在物流中通过互联网实现信息共享，实现车辆使用方、运输公司及接货方的三方应用，三方对物流中的车货位置及运行情况等都能了如指掌，信息透明准确，有利于三方协调好商务关系，从而获得最佳的物流方案，取得最大的经济效益。

1) 在汽车自动定位、跟踪调度方面的应用。利用 GPS 的计算机管理信息系统，可以实时收集全部汽车所运货物的动态信息，实现汽车、货物追踪管理，并及时地进行汽车的调度管理。

2) 在铁路运输方面的应用。利用 GPS 的计算机管理信息系统，可以实时收集全部列车、机车、车辆、集装箱及所运货物的动态信息，实现列车及货物的追踪管理。只要知道货车的车种、车型和车号，就可以立即从近 10 万千米的铁路网上流动着的几十万辆货车中找到它，还能得知这辆货车现在何处运行或停在何处，以及所有的车载货物发货信息。铁路部门运用这项技术可大大提高路网效率及运营的透明度，为货主提供更高质量的服务。

3) 用于内河及远洋船队最佳航程和安全航线的测定、航向的实时调度、监测及水上救援。在我国，全球卫星定位系统最先使用于远洋运输的船舶导航。我国的三峡工程也已规划利用全球卫星定位系统来改善航运条件、提高航运能力。

4) 用于空中交通管理、精密进场着陆、航路导航和监视。国际民航组织提出，在 21 世纪将用未来导航系统取代现行航行系统，它是一个以卫星技术为基础的航空通信、导航、监视和空中交通管理系统，它利用全球导航卫星系统实现飞机航路、终端和进场导航。目前 GPS 只能作为民用导航的补充手段，待完好性监控报警问题解决后，将过渡为唯一的导航手段。该系统的使用可降低机场的飞机起降时间间隔，使起降路线灵活多变，使更多的飞机以最佳航线和高度飞行，还可减少飞机误点，增加飞机起降的安全系数。

5) 在军事物流中的应用。GPS 首先是因为军事目的而建立起来的，在军事物流中的应用相当普遍。如在后勤装备的保障等方面，通过 GPS 技术及其信息系统，可以准确地掌握和了解各地驻军的数量和要求，无论在战时还是在平时都能及时、准确地进行后勤补给。

小链接8-12：GIS技术在物流中的应用

GIS技术的应用十分广泛，可用于交通、能源、农林、水利、测绘、地矿、环境、航空、国土资源综合利用和物流等方面。GIS技术应用在物流领域，有利于合理调配和使用各种资源，提高经济效益。

1) GIS技术应用于物流分析。GIS在物流领域中的应用主要是指利用GIS强大的地理数据功能来完善物流分析技术，提高物流业的效率。一个完整的GIS物流分析软件集成了车辆路线模型、最短路径模型、网络物流模型、分配集合模型和设施定位模型等。利用GIS为物流分析提供专门分析的工具软件，可实现对车辆路线、最短路径、物流网络、设施选址等方面的分析，以便从中找出最优方案。

2) GIS技术应用于运输工具的定位。通过GIS信息系统，在计算机屏幕上可以实时显示车辆或船舶的速度信息、运动方向信息、地理位置信息等，而且显示精度比较高，基本上能准确地对运输工具进行定位。

3) GIS技术应用于环境分析及动态预测。货物运输是动态的，它们与外界环境密切相关，并随着周围环境的不断变化而变化。在进行货物营运的过程中需要考虑地理因素的影响，地理信息系统可以通过地理编码功能，将相关数据与地图建立联系，用户只要单击地图上的任意对象，就可以同时看到与该对象相关联的所有数据。

4) GIS技术应用于信息数据的采集。信息数据可分为静态数据和动态数据。静态数据指货场分布、铁路及专用线分布、区域面积等；动态数据则是指货物的流量、流向等不断变化的数据。从地理信息系统的角度来看，信息数据可分为空间属性数据和管理属性数据。销售点的坐标为空间属性数据，销售点的销售额为管理属性数据。使用手持数字化仪进行地图数字化，可以实现空间属性数据录入。

5) GIS技术应用于仓库规划。GIS技术是把计算机技术、地理信息和数据库技术紧密相结合起来的新型技术，其特征非常适合仓库建设规划，从而使仓库建设规划走向规范化和科学化，并使仓库建设的经费得到最合理的运用。仓库GIS作为仓库管理信息系统中的一个子系统，它用地理坐标、图标的方式更直观地反映仓库的基本情况，如仓库建筑情况、仓库附近公路和铁路情况、仓库物资储备情况等。仓库GIS是仓库管理信息系统的一个重要分支和补充。

小链接8-13：ERP在企业物流管理中的应用

ERP能解决物流企业中5个普遍的具体问题。

1) 销售问题。ERP通过合理利用调配和信息反馈机制，实现对订单和计划执行的动态跟踪，全面准确掌握销售情况，提高资金回笼的时效性。

2) 生产管理问题。ERP通过相应的管理模块，使生产流程、业务流程成为高效的"流水线"，减少生产中个别物料短缺造成的生产中断的情况，提高生产线的劳动效率。

3) 采购管理问题。ERP可以实现采购信息的发布和搜集，及时把握和分析供货商的相关信息（包括信誉、生产能力），同时进行供货商的延续性管理、客户关系以及采购过程的公开公正化管理，最终通过准确的采购计划，保证物料供应，降低采购管理成本。

4) 库存管理问题。ERP能及时设定准确的需求计划，在恰当的时间得到恰当的物料，大大降低库存等带来的成本和风险。如果是拥有多个生产基地的集团物流企业，还可以实现多个生产厂的库存和在途物料的信息共享，自动生成准确的批次物料需求计划，减少库存资金占用，提高库存资金周转次数。

5）财务管理问题。在财务管理上，很多企业都已经实现了电算化管理。但是，ERP 的财务系统能够更好地实现财务数据的搜集和整理，将物流和资金流进行无缝管理，为实现财务管理的事前预算、事中控制、事后分析提供第一手材料。最终，还可以自动地形成直观的财务分析报告，便于决策层随时了解准确的企业运营状况。

小链接 8 – 14：EOS 在企业物流管理中的应用

1）供货商根据采购合同要求将发货单通过商业增值网络中心发给仓储中心。

2）仓储中心对接收到商业增值网络中心传来的发货单进行综合处理，或要求供货商送货至仓储中心或发送至各批发、零售商场。

3）仓储中心将送货要求发送给供货商。

4）供货商根据接收到的送货要求进行综合处理，然后根据送货要求将货物送至指定地点。

小链接 8 – 15：POS 在企业物流管理中的应用（以零售业为例）

1）商品都要贴有表示该商品信息的条码或 OCR（Optical Character Recognition）标签。

2）在顾客购买商品结账时，收银员使用扫描阅读器自动识别商品条码或 OCR 标签上的信息，通过计算机系统确认商品的单价、顾客购买总金额等，同时返回给收银机，打印出顾客购买清单和付款总金额。

3）各个店铺的销售时点信息通过 VAN 以在线连接方式即时传送到总部或物流中心。

4）在总部、物流中心和店铺之间利用销售时点信息来进行库存调整、配送管理、商品订货等作业。通过对销售时点信息进行加工分析来掌握消费者购买动向，找出畅销商品和滞销商品，以此为基础进行商品品种配置、商品陈列、价格设置等方面的作业。

5）在零售商与供应链的上游企业（批发商、生产商、物流企业等）结成协作伙伴关系的条件下，零售商利用 VAN 以在线连接的方式将销售时点信息即时传送给上游企业，这样上游企业可以利用销售现场的最及时准确的销售信息制定经营计划、进行决策。例如，生产企业可以利用销售时点信息进行销售预测，掌握消费者购买动向，找出畅销商品和滞销商品，把销售时点信息（POS 信息）和订货信息（EOS 信息）进行比较分析来把握零售商的库存水平，以此为基础制定生产计划和零售商库存连续补充计划。

小链接 8 – 16：EDI 在物流管理中的应用要点

EDI 是一种信息管理或处理的有效手段，它是对物流过程中的信息流进行运作的有效方法。商业企业的业务流程包括：销售订户业务流程、采购订货业务流程、物流作业流程和仓储作业过程。而在整个系统中，有一个很重要的角色就是增值网（VAN），它是供应链中各企业的共同情报中心，它不参与交易双方活动，只提供用户之间的联系界面，每当接收到用户发来的 EDI 单证时，系统会自动进行电子订货交易过程中各交易者的身份验证和 EDI 单证格式验证。供应链中上下游的信息和各类交易单据通过 EDI 技术和增值网在企业中传递。EDI 的目的是充分利用现有计算机及通信网络资源，提高贸易伙伴间通信的效益，降低成本。EDI 主要应用于以下企业。

1）流通业。快速响应，减少商场库存量与空架率，以加速商品资金周转，降低成本。建立物资配送体系以完成产、存、运、销一体化的供应线管理。

2）制造业。准时供货，以减少库存量及生产线待料时间，降低生产成本。

3）金融业。使用电子转账支付，减少金融单位与其用户间交通往返的时间，降低现金流动风险，缩短资金流动所需的处理时间，提高用户资金调度的弹性。

4）贸易运输业。快速通关报检，经济使用运输资源，减少贸易运输空间、成本与时间的浪费。

EDI 应用获益最大的是零售业、制造业和配送业。在这些行业的核心业务——采购和销售的供应链上应用 EDI 技术，使传输发票和订单的过程达到了很高的效率。EDI 在密切贸易伙伴关系方面也有潜在的优势。

小链接 8-17：EPC 在企业物流管理中的应用

目前在国际上，EPC 尚处于早期测试应用研究阶段。全球目前正积极开发低成本的 EPC 标签，完善 EPC 系统的整体环境（包括网络、安全、硬件设备等），并从标准和应用方面积极推进。在应用和实施方面，随着 EPC 试点项目的进行，EPC 将逐渐广泛应用到包括零售业、生产控制、物流和供应链管理、文档和图书馆事业、医药保健品、重要物资流向控制和定点跟踪、身份识别等各个领域。EPC 应用于物流业后，货物的清点、查询、发货将变得非常简单和准确，仓库的管理效率更高，用人更少。车辆管理安装了相应系统之后，将有效降低空驶率，并为"智能交通"提供信息管理的平台。

小链接 8-18

今后人们到商场去购物，可能只要将货架上的商品放进购物车，然后推车出门就可以了。因为商店使用了 EPC/RFID 技术，在商店的出口装有 RFID 识读器，当客人把商品带出去的时候，识读器自动列出所购商品清单并通过结算系统自动在该客人的账户上扣取相应的货款。这一技术还使得人们可以带着自己的物品进入超级市场，因为这些物品上的标签显示它们不属于这家商店，因此出门时也不会带来不必要的麻烦。

2）物流信息系统。系统是由相互作用、相互依赖的若干要素按照一定的规则组合而成的具有特定功能的有机整体。物流系统是由存在有机联系的物流各要素组成。物流信息系统是物流系统的重要组成部分之一。

物流信息系统以物流为特定的对象范畴，把物流和物流信息结合成一个有机系统，使其采用多种方式选择输入物流计划、业务、统计和作业控制的各种有关数据，按特定要求和目的，通过计算机加以处理，将结果信息进行传输和输出，用于管理决策和作业控制的信息系统。其结构如图 8-2 至图 8-4 所示。

从信息技术的角度来看，物流信息管理系统应具备物流信息的输入、处理和输出三种功能。信息的输入包括能够对不同类型的订单如采购、调转、直拨、过账、转储、退货、损耗等进行录入处理，不同订单触发不同的作业流程，实现对滚动计划数量控制；

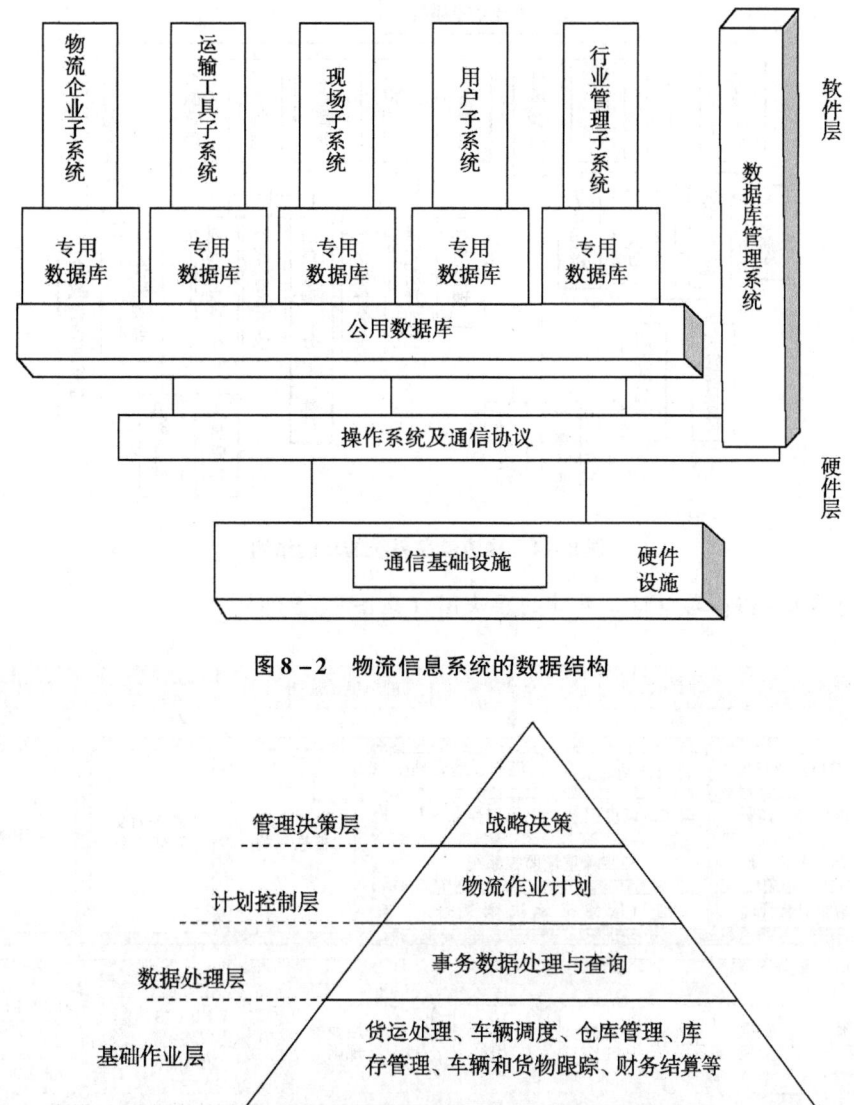

图 8－2　物流信息系统的数据结构

图 8－3　物流信息系统的层次结构

支持无单收发货；订单的生成支持手工输入、格式文件导入和数据下载等多种方式。信息的处理又分为信息的存储、增加、删除、修改传输、统计和查询等功能。支持订单数据下载和上传，支持库存数据下载和上传。支持任意条件的信息查询，如分别按时间段、供应商、货位、质量状态大类等，实现图形化库存查询和作业记录追踪，通过条件、分类、过滤设定查询范围，实现对各关键指标的查询分析，所有查询都能生成各类业务报表，并可多种格式输出以及 WEB 发布。

从物流中心的业务角度分析，物流中心的信息系统是对以下几个信息管理子系统进行有效的整合与集成，进而实现各类信息的交换与传递，包括采购管理、客户管理、库存管理、财务管理、结算管理、运输配送管理、物流分析和物流决策支持系统等。

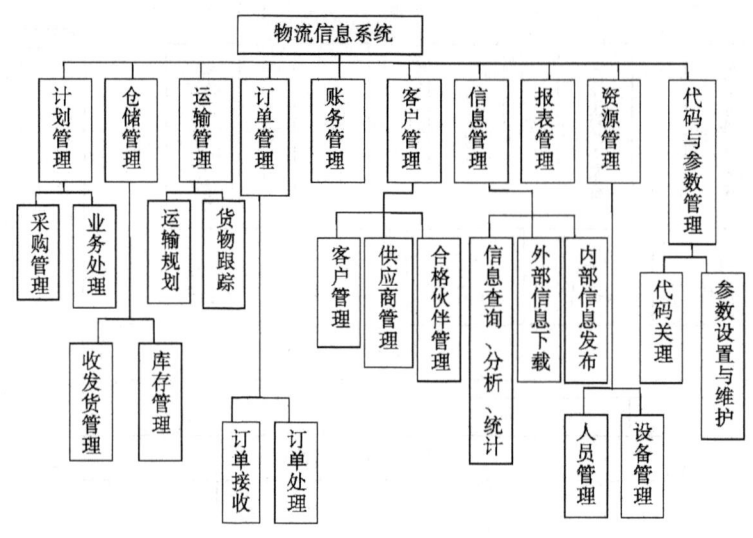

图 8-4 物流信息系统的功能结构

小链接 8-19：港口信息系统的层次图（见图 8-5）

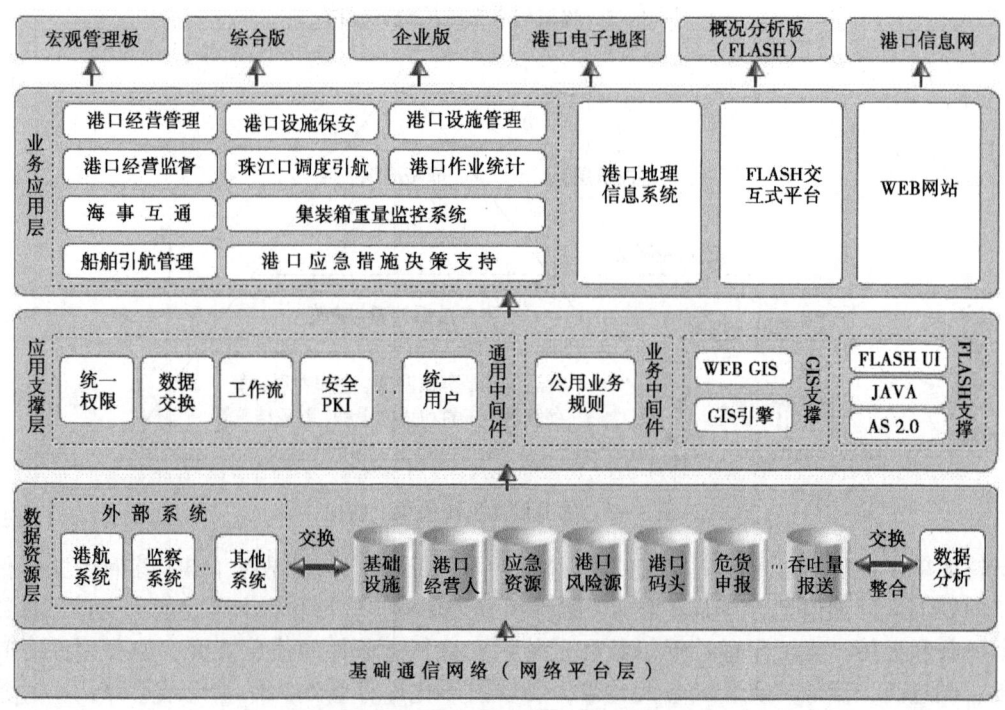

图 8-5 港口信息系统的层次图

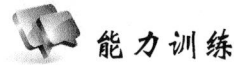 能力训练

1. 案例分析

1) 美国人山姆·沃尔顿于1962年创立沃尔玛百货有限公司。在短短几十年间，它由一家小型折扣商店发展成为世界上最大的零售企业。在沃尔玛实现短时间发展壮大、超越对手、坐上世界零售企业的头把交椅的各种因素中，强大的物流信息系统起着至关重要的作用。依靠自身的信息系统，沃尔玛每年要满足全球4000多家连锁店对8万多种商品的配送需要，每年的运输总量超过78亿箱，总行程达6.5亿公里。所有这一切，如果没有完善的物流信息系统是根本不可能实现的。强大的物流信息系统一方面是建立在强大的技术支持上，另一方面是依靠有效的内部控制模式。

早在20世纪80年代初期，沃尔玛就拥有了自己的卫星系统，这在当时几乎是不可想象的。起初，沃尔玛的所有者与管理层对此曾持有不同见解。在提出要建立自己的卫星系统时，山姆·沃尔顿是不太赞成的。但在其他高管的不懈努力下，山姆终于被说服了。待意见统一之后，沃尔玛立刻花费大约7亿美元建成目前拥有的计算机和卫星系统。

问：沃尔玛高效、快速、透明的供应链管理是如何实现的？

2) 1999年10月，江西省新华书店、省外文书店和南昌市新华书店3家合并，组建了江西省新华书店联合有限公司。如今江西省店已经与全省11个中心门店和部分县店建立了跨地区的直营连锁经营关系，与40余家符合条件的书店建立了加盟连锁关系，还有行业外的加盟店3个，初步建立了江西省新华书店系统连锁经营体系。

实施连锁经营后，江西省店的连锁门店的进货权被取消。由于信息不畅通，总店的业务部门无法了解连锁门店的实际需求与销售动态，对所配发的图书品种是否对路、数量是否恰当都不太了解，只能凭臆想办事，造成销售量下降。此外，配送不快捷、退货不及时都严重制约着连锁店的销售，有的店面日流水金额甚至只有1000元左右。

①假如你是该公司的经理，你认为应该采取什么措施使该公司从此困境中摆脱出来？

②结合你采取的措施，谈谈该措施实行后将对公司产生什么影响？

2. 模拟操作

1) 完成开篇布置的任务。

2) 收集两个RFID或两个二维码在物流管理中应用的案例，写一篇500字的小论文。

3) 某企业准备开发一个管理信息系统，已经存在许多部门级子系统，信息难以共享，即有许多的"信息孤岛"。现在委托你开发该企业管理信息系统，请根据你所学的相关知识解决以下问题。

①明确企业不同部门管理人员、用户的各种需求（三种需求：信息、功能和决策）及希望实现哪些功能。

②画出该系统一个管理业务的DFD并分析其优缺点。

③画出该系统一个业务的E-R图。

主要参考文献

[1] 姚祖光,孙海梅,卞远洋,等.现代物流管理实务［M］.北京:知识产权出版社,2013.
[2] 李颖,孙海梅.物流信息技术与应用［M］.北京:机械工业出版社,2014.